POLACO

VOCABULÁRIO

PALAVRAS MAIS ÚTEIS

PORTUGUÊS POLACO

Para alargar o seu léxico e apurar
as suas competências linguísticas

3000 palavras

Vocabulário Português-Polaco - 3000 palavras
Por Andrey Taranov

Os vocabulários da T&P Books destinam-se a ajudar a aprender, a memorizar, e a rever palavras estrangeiras. O dicionário é dividido em temas, cobrindo todas as principais esferas de atividades quotidianas, negócios, ciência, cultura, etc.

O processo de aprendizagem, utilizando os dicionários baseados em temáticas da T&P Books dá-lhe as seguintes vantagens:

- Informação de origem corretamente agrupada predetermina o sucesso em fases subsequentes da memorização de palavras
- Disponibilização de palavras derivadas da mesma raiz, o que permite a memorização de unidades de texto (em vez de palavras separadas)
- Pequenas unidades de palavras facilitam o processo de estabelecimento de vínculos associativos necessários para a consolidação do vocabulário
- O nível de conhecimento da língua pode ser estimado pelo número de palavras aprendidas

T&P Books Publishing
www.tpbooks.com

ISBN: 978-1-78400-960-1

Este livro também está disponível em formato E-book.
Por favor visite www.tpbooks.com ou as principais livrarias on-line.

VOCABULÁRIO POLACO
palavras mais úteis

Os vocabulários da T&P Books destinam-se a ajudar a aprender, a memorizar, e a rever palavras estrangeiras. O vocabulário contém mais de 3000 palavras de uso comum organizadas tematicamente.

O vocabulário contém as palavras mais comummente usadas
Recomendado como adicional para qualquer curso de línguas
Satisfaz as necessidades dos iniciados e dos alunos avançados de línguas estrangeiras
Conveniente para o uso diário, sessões de revisão e atividades de auto-teste
Permite avaliar o seu vocabulário

Características especias do vocabulário

- As palavras estão organizadas de acordo com o seu significado, e não por ordem alfabética
- As palavras são apresentadas em três colunas para facilitar os processos de revisão e auto-teste
- As palavras compostas são divididas em pequenos blocos para facilitar o processo de aprendizagem
- O vocabulário oferece uma transcrição simples e adequada de cada palavra estrangeira

O vocabulário contém 101 tópicos incluindo:

Conceitos básicos, Números, Cores, Meses, Estações do ano, Unidades de medida, Roupas & Acessórios, Alimentos & Nutrição, Restaurante, Membros da Família, Parentes, Caráter, Sentimentos, Emoções, Doenças, Cidade, Passeios, Compras, Dinheiro, Casa, Lar, Escritório, Trabalho no Escritório, Importação & Exportação, Marketing, Pesquisa de Emprego, Desportos, Educação, Computador, Internet, Ferramentas, Natureza, Países, Nacionalidades e muito mais ...

TABELA DE CONTEÚDOS

GUIA DE PRONUNCIAÇÃO

Letra	Exemplo Polaco	Alfabeto fonético T&P	Exemplo Português

Vogais

A a	fala	[a]	chamar
Ą ą	są	[ɔ̃]	anaconda
E e	tekst	[ɛ]	mesquita
Ę ę	pięć	[ɛ̃]	centro
I i	niski	[i]	sinónimo
O o	strona	[ɔ]	emboço
Ó ó	ołów	[u]	bonita
U u	ulica	[u]	bonita
Y y	stalowy	[ɪ]	sinónimo

Consoantes

B b	brew	[b]	barril
C c	palec	[ts]	tsé-tsé
Ć ć	haftować	[tɕ]	Tchau!
D d	modny	[d]	dentista
F f	perfumy	[f]	safári
G g	zegarek	[g]	gosto
H h	handel	[h]	[h] aspirada
J j	jajko	[j]	géiser
K k	krab	[k]	kiwi
L l	mleko	[l]	libra
Ł ł	głodny	[w]	página web
M m	guma	[m]	magnólia
N n	Indie	[n]	natureza
Ń ń	jesień	[ɲ]	ninhada
P p	poczta	[p]	presente
R r	portret	[r]	riscar
S s	studnia	[s]	sanita
Ś ś	świat	[ɕ]	shiatsu
T t	taniec	[t]	sitiar
W w	wieczór	[v]	fava
Z z	zachód	[z]	sésamo
Ź ź	żaba	[ʑ]	tajique
Ż ż	żagiel	[ʒ]	talvez

Letra	Exemplo Polaco	Alfabeto fonético T&P	Exemplo Português

Combinações de letras

Letra	Exemplo Polaco	Alfabeto fonético	Exemplo Português
ch	ich, zachód	[ɦ]	[h] suave
ci	kwiecień	[tʃ]	Tchim-tchim!
cz	czasami	[tʃ]	Tchau!
dz	dzbanek	[dz]	pizza
dzi	dziecko	[dʑ]	tajique
dź	dźwig	[dʑ]	tajique
dż	dżinsy	[ʝ]	géiser
ni	niedziela	[ɲ]	ninhada
rz	orzech	[ʒ]	talvez
si	osiem	[ɕ]	shiatsu
sz	paszport	[ʃ]	mês
zi	zima	[ʑ]	tajique

Comentários

* As letras **Qq**, **Ww**, **Xx** são usadas apenas em estrangeirismos

ABREVIATURAS
usadas no vocabulário

Abreviaturas do Português

adj	-	adjetivo
adv	-	advérbio
anim.	-	animado
conj.	-	conjunção
desp.	-	desporto
etc.	-	etecetra
ex.	-	por exemplo
f	-	nome feminino
f pl	-	feminino plural
fem.	-	feminino
inanim.	-	inanimado
m	-	nome masculino
m pl	-	masculino plural
m, f	-	masculino, feminino
masc.	-	masculino
mat.	-	matemática
mil.	-	militar
pl	-	plural
prep.	-	preposição
pron.	-	pronome
sb.	-	sobre
sing.	-	singular
v aux	-	verbo auxiliar
vi	-	verbo intransitivo
vi, vt	-	verbo intransitivo, transitivo
vr	-	verbo reflexivo
vt	-	verbo transitivo

Abreviaturas do Polaco

ż	-	nome feminino
ż, l.mn.	-	feminino plural
l.mn.	-	plural
m	-	nome masculino
m, ż	-	masculino, feminino
m, l.mn.	-	masculino plural
n	-	neutro

CONCEITOS BÁSICOS

1. Pronomes

eu	ja	[ja]
tu	ty	[tɨ]
ele	on	[ɔn]
ela	ona	['ɔna]
ele, ela (neutro)	ono	['ɔnɔ]
nós	my	[mɨ]
vocês	wy	[vɨ]
eles, elas	one	['ɔnɛ]

2. Cumprimentos. Saudações

Olá!	Dzień dobry!	[dʒeɲ 'dɔbrɨ]
Bom dia! (formal)	Dzień dobry!	[dʒeɲ 'dɔbrɨ]
Bom dia! (de manhã)	Dzień dobry!	[dʒeɲ 'dɔbrɨ]
Boa tarde!	Dzień dobry!	[dʒeɲ 'dɔbrɨ]
Boa noite!	Dobry wieczór!	[dɔbrɨ 'vetʃur]
cumprimentar (vt)	witać się	['vitatʃ ɕɛ̃]
Olá!	Cześć!	[tʃɛɕtʃ]
saudação (f)	pozdrowienia (l.mn.)	[pozdrɔ'veɲa]
saudar (vt)	witać	['vitatʃ]
Como vai?	Jak się masz?	[jak ɕɛ̃ maʃ]
O que há de novo?	Co nowego?	[tsɔ nɔ'vɛgɔ]
Até à vista!	Do widzenia!	[dɔ vi'dzɛɲa]
Até breve!	Do zobaczenia!	[dɔ zɔbat'ʃɛɲa]
Adeus! (sing.)	Żegnaj!	['ʒɛgnaj]
Adeus! (pl)	Żegnam!	['ʒɛgnam]
despedir-se (vr)	żegnać się	['ʒɛgnatʃ ɕɛ̃]
Até logo!	Na razie!	[na 'raʒe]
Obrigado! -a!	Dziękuję!	[dʒɛ̃'kue]
Muito obrigado! -a!	Bardzo dziękuję!	[bardzɔ dʒɛ̃'kuɛ̃]
De nada	Proszę	['prɔʃɛ̃]
Não tem de quê	To drobiazg	[tɔ 'drɔbʲazk]
De nada	Nie ma za co	['ne ma 'za tsɔ]
Desculpa! -pe!	Przepraszam!	[pʃɛp'raʃam]
desculpar (vt)	wybaczać	[vɨ'batʃatʃ]
desculpar-se (vr)	przepraszać	[pʃɛp'raʃatʃ]
As minhas desculpas	Przepraszam!	[pʃɛp'raʃam]

Desculpe!	Przepraszam!	[pʃɛp'raʃam]
perdoar (vt)	wybaczać	[vi'batʃatʃ]
por favor	proszę	['prɔʃɛ̃]

Não se esqueça!	Nie zapomnijcie!	[ne zapɔm'nijtʃe]
Certamente! Claro!	Oczywiście!	[ɔtʃi'victʃe]
Claro que não!	Oczywiście, że nie!	[ɔtʃivictʃe ʒɛ 'ne]
Está bem! De acordo!	Zgoda!	['zgɔda]
Basta!	Dosyć!	['dɔsitʃ]

3. Questões

Quem?	Kto?	[ktɔ]
Que?	Co?	[tsɔ]
Onde?	Gdzie?	[gdʒe]
Para onde?	Dokąd?	['dɔkɔ̃t]
De onde?	Skąd?	[skɔ̃t]
Quando?	Kiedy?	['kedi]
Para quê?	Dlaczego?	[dʌat'ʃɛgɔ]
Porquê?	Czemu?	['tʃɛmu]

Para quê?	Do czego?	[dɔ 'tʃɛgɔ]
Como?	Jak?	[jak]
Qual?	Jaki?	['jaki]
Qual? (entre dois ou mais)	Który?	['kturi]

Sobre quem?	O kim?	['ɔ kim]
Do quê?	O czym?	['ɔ tʃim]
Com quem?	Z kim?	[s kim]

| Quanto, -os, -as? | Ile? | ['ile] |
| De quem? (masc.) | Czyj? | [tʃij] |

4. Preposições

com (prep.)	z	[z]
sem (prep.)	bez	[bɛz]
a, para (exprime lugar)	do	[dɔ]
sobre (ex. falar ~)	o	[ɔ]

| antes de ... | przed | [pʃɛt] |
| diante de ... | przed | [pʃɛt] |

sob (debaixo de)	pod	[pɔt]
sobre (em cima de)	nad	[nat]
sobre (~ a mesa)	na	[na]

| de (vir ~ Lisboa) | z ..., ze ... | [z], [zɛ] |
| de (feito ~ pedra) | z ..., ze ... | [z], [zɛ] |

| dentro de (~ dez minutos) | za | [za] |
| por cima de ... | przez | [pʃɛs] |

5. Palavras funcionais. Advérbios. Parte 1

Onde?	Gdzie?	[gʤe]
aqui	tu	[tu]
lá, ali	tam	[tam]
em algum lugar	gdzieś	[gʤeɕ]
em lugar nenhum	nigdzie	['nigʤe]
ao pé de …	koło, przy	['kɔwɔ], [pʃɨ]
ao pé da janela	przy oknie	[pʃɨ 'ɔkne]
Para onde?	Dokąd?	['dɔkɔ̃t]
para cá	tutaj	['tutaj]
para lá	tam	[tam]
daqui	stąd	[stɔ̃t]
de lá, dali	stamtąd	['stamtɔ̃t]
perto	blisko	['bliskɔ]
longe	daleko	[da'lɛkɔ]
perto de …	koło	['kɔwɔ]
ao lado de	obok	['ɔbɔk]
perto, não fica longe	niedaleko	[neda'lekɔ]
esquerdo	lewy	['levɨ]
à esquerda	z lewej	[z 'levɛj]
para esquerda	w lewo	[v 'levɔ]
direito	prawy	['pravɨ]
à direita	z prawej	[s 'pravɛj]
para direita	w prawo	[f 'pravɔ]
à frente	z przodu	[s 'pʃɔdu]
da frente	przedni	['pʃɛdni]
em frente (para a frente)	naprzód	['napʃut]
atrás de …	z tyłu	[s 'tɨwu]
por detrás (vir ~)	od tyłu	[ɔt 'tɨwu]
para trás	do tyłu	[dɔ 'tɨwu]
meio (m), metade (f)	środek (m)	['ɕrɔdɛk]
no meio	w środku	[f 'ɕrɔdku]
de lado	z boku	[z 'bɔku]
em todo lugar	wszędzie	['fʃɛ̃ʤe]
ao redor (olhar ~)	dookoła	[dɔ:'kɔwa]
de dentro	z wewnątrz	[z 'vɛvnɔ̃tʃ]
para algum lugar	dokądś	['dɔkɔ̃tɕ]
diretamente	na wprost	['na fprɔst]
de volta	z powrotem	[s pɔv'rɔtɛm]
de algum lugar	skądkolwiek	[skɔ̃t'kɔʎvek]
de um lugar	skądś	[skɔ̃tɕ]

em primeiro lugar	po pierwsze	[pɔ 'perʃɛ]
em segundo lugar	po drugie	[pɔ 'druge]
em terceiro lugar	po trzecie	[pɔ 'ʧɛʧe]

de repente	nagle	['nagle]
no início	na początku	[na pɔt'jɔtku]
pela primeira vez	po raz pierwszy	[pɔ ras 'perʃi]
muito antes de …	na długo przed …	[na 'dwugɔ pʃɛt]
de novo, novamente	od nowa	[ɔd 'nɔva]
para sempre	na zawsze	[na 'zafʃɛ]

nunca	nigdy	['nigdi]
de novo	znowu	['znɔvu]
agora	teraz	['tɛras]
frequentemente	często	['ʧɛnstɔ]
então	wtedy	['ftɛdi]
urgentemente	pilnie	['piʎne]
usualmente	zwykle	['zvɨkle]

a propósito, …	a propos	[a prɔ'pɔ]
é possível	może, możliwe	['mɔʒɛ], [mɔʒ'livɛ]
provavelmente	prawdopodobnie	[pravdɔpɔ'dɔbne]
talvez	być może	[biʧ 'mɔʒɛ]
além disso, …	poza tym	[pɔ'za tim]
por isso …	dlatego	[dʎa'tɛgɔ]
apesar de …	mimo że …	['mimɔ ʒɛ]
graças a …	dzięki	['dʑɛ̃ki]

que (pron.)	co	[ʦɔ]
que (conj.)	że	[ʒɛ]
algo	coś	[ʦɔɕ]
alguma coisa	cokolwiek	[ʦɔ'kɔʎvek]
nada	nic	[niʦ]

quem	kto	[ktɔ]
alguém (~ teve uma ideia …)	ktoś	[ktɔɕ]
alguém	ktokolwiek	[ktɔ'kɔʎvek]

ninguém	nikt	[nikt]
para lugar nenhum	nigdzie	['nigdʑe]
de ninguém	niczyj	['niʧij]
de alguém	czyjkolwiek	[ʧij'kɔʎvek]

tão	tak	[tak]
também (gostaria ~ de …)	także	['tagʒɛ]
também (~ eu)	też	[tɛʃ]

6. Palavras funcionais. Advérbios. Parte 2

Porquê?	Dlaczego?	[dʎat'ʃɛgɔ]
por alguma razão	z jakiegoś powodu	[z ja'kegɔɕ pɔ'vɔdu]
porque …	dlatego, że …	[dla'tɛgɔ], [ʒɛ]
por qualquer razão	po coś	['pɔ ʦɔɕ]
e (tu ~ eu)	i	[i]

ou (ser ~ não ser)	albo	['aʎbɔ]
mas (porém)	ale	['ale]
para (~ a minha mãe)	dla	[dʎa]
demasiado, muito	zbyt	[zbɨt]
só, somente	tylko	['tiʎkɔ]
exatamente	dokładnie	[dɔk'wadne]
cerca de (~ 10 kg)	około	[ɔ'kɔwɔ]
aproximadamente	w przybliżeniu	[f pʃibli'ʒɛny]
aproximado	przybliżony	[pʃibli'ʒɔnɨ]
quase	prawie	[prave]
resto (m)	reszta (ż)	['rɛʃta]
cada	każdy	['kaʒdɨ]
qualquer	jakikolwiek	[jaki'kɔʎvjek]
muito	dużo	['duʒɔ]
muitas pessoas	wiele	['vele]
todos	wszystkie	['fʃistke]
em troca de ...	w zamian za ...	[v 'zamʲan za]
em troca	zamiast	['zamʲast]
à mão	ręcznie	['rɛntʃne]
pouco provável	ledwo, prawie	['ledvɔ], ['pravje]
provavelmente	prawdopodobnie	[pravdɔpɔ'dɔbne]
de propósito	celowo	[tsɛ'lɔvɔ]
por acidente	przypadkiem	[pʃi'patkem]
muito	bardzo	['bardzɔ]
por exemplo	na przykład	[na 'pʃikwat]
entre	między	['mendʑi]
entre (no meio de)	wśród	[fɕrut]
tanto	aż tyle	[aʒ 'tile]
especialmente	szczególnie	[ʃtʃɛ'guʎne]

NÚMEROS. DIVERSOS

7. Números cardinais. Parte 1

zero	zero	['zɛrɔ]
um	jeden	['edɛn]
dois	dwa	[dva]
três	trzy	[tʃi]
quatro	cztery	['tʃtɛri]

cinco	pięć	[pɛ̃tʃ]
seis	sześć	[ʃɛctʃ]
sete	siedem	['cedɛm]
oito	osiem	['ɔcem]
nove	dziewięć	['dʒevɛ̃tʃ]

dez	dziesięć	['dʒecɛ̃tʃ]
onze	jedenaście	[edɛ'naçtʃe]
doze	dwanaście	[dva'naçtʃe]
treze	trzynaście	[tʃi'naçtʃe]
catorze	czternaście	[tʃtɛr'naçtʃe]

quinze	piętnaście	[pɛ̃t'naçtʃe]
dezasseis	szesnaście	[ʃɛs'naçtʃe]
dezassete	siedemnaście	[cedɛm'naçtʃe]
dezoito	osiemnaście	[ɔcem'naçtʃe]
dezanove	dziewiętnaście	[dʒevɛ̃t'naçtʃe]

vinte	dwadzieścia	[dva'dʒectʃa]
vinte e um	dwadzieścia jeden	[dva'dʒectʃa 'edɛn]
vinte e dois	dwadzieścia dwa	[dva'dʒectʃa dva]
vinte e três	dwadzieścia trzy	[dva'dʒectʃa tʃi]

trinta	trzydzieści	[tʃi'dʒectʃi]
trinta e um	trzydzieści jeden	[tʃi'dʒectʃi 'edɛn]
trinta e dois	trzydzieści dwa	[tʃi'dʒectʃi dva]
trinta e três	trzydzieści trzy	[tʃi'dʒectʃi tʃi]

quarenta	czterdzieści	[tʃtɛr'dʒectʃi]
quarenta e um	czterdzieści jeden	[tʃtɛr'dʒectʃi 'edɛn]
quarenta e dois	czterdzieści dwa	[tʃtɛr'dʒectʃi dva]
quarenta e três	czterdzieści trzy	[tʃtɛr'dʒectʃi tʃi]

cinquenta	pięćdziesiąt	[pɛ̃'dʒecɔ̃t]
cinquenta e um	pięćdziesiąt jeden	[pɛ̃'dʒecɔ̃t 'edɛn]
cinquenta e dois	pięćdziesiąt dwa	[pɛ̃'dʒecɔ̃t dva]
cinquenta e três	pięćdziesiąt trzy	[pɛ̃'dʒecɔ̃t tʃi]

sessenta	sześćdziesiąt	[ʃɛc'dʒecɔ̃t]
sessenta e um	sześćdziesiąt jeden	[ʃɛc'dʒecɔ̃t 'edɛn]

sessenta e dois	sześćdziesiąt dwa	[ʃɛɕ'dʒeɕɔt dva]
sessenta e três	sześćdziesiąt trzy	[ʃɛɕ'dʒeɕɔt tʃi]
setenta	siedemdziesiąt	[ɕedɛm'dʒeɕɔt]
setenta e um	siedemdziesiąt jeden	[ɕedɛm'dʒeɕɔt 'edɛn]
setenta e dois	siedemdziesiąt dwa	[ɕedɛm'dʒeɕɔt dva]
setenta e três	siedemdziesiąt trzy	[ɕedɛm'dʒeɕɔt tʃi]
oitenta	osiemdziesiąt	[ɔɕem'dʒeɕɔt]
oitenta e um	osiemdziesiąt jeden	[ɔɕem'dʒeɕɔt 'edɛn]
oitenta e dois	osiemdziesiąt dwa	[ɔɕem'dʒeɕɔt dva]
oitenta e três	osiemdziesiąt trzy	[ɔɕem'dʒeɕɔt tʃi]
noventa	dziewięćdziesiąt	[dʒevɛ̃'dʒeɕɔt]
noventa e um	dziewięćdziesiąt jeden	[dʒevɛ̃'dʒeɕɔt edɛn]
noventa e dois	dziewięćdziesiąt dwa	[dʒevɛ̃'dʒeɕɔt dva]
noventa e três	dziewięćdziesiąt trzy	[dʒevɛ̃'dʒeɕɔt tʃi]

8. Números cardinais. Parte 2

cem	sto	[stɔ]
duzentos	dwieście	['dveɕtʃe]
trezentos	trzysta	['tʃista]
quatrocentos	czterysta	['tʃtɛrista]
quinhentos	pięćset	['pɛ̃tʃsɛt]
seiscentos	sześćset	['ʃɛɕtʃsɛt]
setecentos	siedemset	['ɕedɛmsɛt]
oitocentos	osiemset	[ɔ'ɕemsɛt]
novecentos	dziewięćset	['dʒevɛ̃tʃsɛt]
mil	tysiąc	['tiɕɔ̃ts]
dois mil	dwa tysiące	[dva tiɕɔ̃tsɛ]
De quem são ...?	trzy tysiące	[tʃi tiɕɔ̃tsɛ]
dez mil	dziesięć tysięcy	['dʒeɕɛ̃tʃ ti'ɕentsi]
cem mil	sto tysięcy	[stɔ ti'ɕentsi]
um milhão	milion	['miʎjɔn]
mil milhões	miliard	['miʎjart]

9. Números ordinais

primeiro	pierwszy	['perfʃi]
segundo	drugi	['drugi]
terceiro	trzeci	['tʃetʃi]
quarto	czwarty	['tʃfarti]
quinto	piąty	[pɔ̃ti]
sexto	szósty	['ʃusti]
sétimo	siódmy	['ɕudmi]
oitavo	ósmy	['usmi]
nono	dziewiąty	[dʒevɔ̃ti]
décimo	dziesiąty	[dʒeɕɔ̃ti]

CORES. UNIDADES DE MEDIDA

10. Cores

cor (f)	kolor (m)	['kɔlɜr]
matiz (m)	odcień (m)	['ɔtɕeɲ]
tom (m)	ton (m)	[tɔn]
arco-íris (m)	tęcza (ż)	['tɛntʃa]
branco	biały	['bʲawi]
preto	czarny	['tʃarni]
cinzento	szary	['ʃari]
verde	zielony	[ʒe'lɜni]
amarelo	żółty	['ʒuwti]
vermelho	czerwony	[tʃɛr'vɔni]
azul	ciemny niebieski	['tʃɛmni ne'beski]
azul claro	niebieski	[ne'beski]
rosa	różowy	[ru'ʒɔvi]
laranja	pomarańczowy	[pɔmaraɲt'ʃɔvi]
violeta	fioletowy	[fʲɜle'tɔvi]
castanho	brązowy	[brɔ̃'zɔvi]
dourado	złoty	['zwɔti]
prateado	srebrzysty	[srɛb'ʒisti]
bege	beżowy	[bɛ'ʒɔvi]
creme	kremowy	[krɛ'mɔvi]
turquesa	turkusowy	[turku'sɔvi]
vermelho cereja	wiśniowy	[viɕ'nɜvi]
lilás	liliowy	[li'ʎjɔvi]
carmesim	malinowy	[mali'nɔvi]
claro	jasny	['jasni]
escuro	ciemny	['tʃemni]
vivo	jasny	['jasni]
de cor	kolorowy	[kɔlɜ'rɔvi]
a cores	kolorowy	[kɔlɜ'rɔvi]
preto e branco	czarno-biały	['tʃarnɔ 'bʲawi]
unicolor	jednokolorowy	['ednɔkɔlɜ'rɔvi]
multicor	różnokolorowy	['ruʒnɔkɔlɜ'rɔvi]

11. Unidades de medida

peso (m)	ciężar (m)	['tʃenʒar]
comprimento (m)	długość (ż)	['dwugɔɕtʃ]

largura (f)	szerokość (ż)	[ʃɛ'rɔkɔɕtʃ]
altura (f)	wysokość (ż)	[vi'sɔkɔɕtʃ]
profundidade (f)	głębokość (ż)	[gwɛ̃'bɔkɔɕtʃ]
volume (m)	objętość (ż)	[ɔbʰ'entɔɕtʃ]
área (f)	powierzchnia (ż)	[pɔ'veʃhɲa]

grama (m)	gram (m)	[gram]
miligrama (m)	miligram (m)	[mi'ligram]
quilograma (m)	kilogram (m)	[ki'lɔgram]
tonelada (f)	tona (ż)	['tɔna]
libra (453,6 gramas)	funt (m)	[funt]
onça (f)	uncja (ż)	['untsʰja]

metro (m)	metr (m)	[mɛtr]
milímetro (m)	milimetr (m)	[mi'limɛtr]
centímetro (m)	centymetr (m)	[tsɛn'timɛtr]
quilómetro (m)	kilometr (m)	[ki'lɔmɛtr]
milha (f)	mila (ż)	['miʎa]

polegada (f)	cal (m)	[tsaʎ]
pé (304,74 mm)	stopa (ż)	['stɔpa]
jarda (914,383 mm)	jard (m)	['jart]

| metro (m) quadrado | metr (m) kwadratowy | [mɛtr kfadra'tɔvi] |
| hectare (m) | hektar (m) | ['hɛktar] |

litro (m)	litr (m)	[litr]
grau (m)	stopień (m)	['stɔpeɲ]
volt (m)	wolt (m)	[vɔʎt]
ampere (m)	amper (m)	[am'pɛr]
cavalo-vapor (m)	koń (m) mechaniczny	[kɔɲ mɛha'nitʃni]

quantidade (f)	ilość (ż)	['ilɔɕtʃ]
um pouco de …	niedużo …	[ne'duʒɔ]
metade (f)	połowa (ż)	[pɔ'wɔva]
dúzia (f)	tuzin (m)	['tuʒin]
peça (f)	sztuka (ż)	['ʃtuka]

| dimensão (f) | rozmiar (m) | ['rɔzmʲar] |
| escala (f) | skala (ż) | ['skaʎa] |

mínimo	minimalny	[mini'maʎni]
menor, mais pequeno	najmniejszy	[najm'nejʃi]
médio	średni	['ɕrɛdni]
máximo	maksymalny	[maksi'maʎni]
maior, mais grande	największy	[naj'venkʃi]

12. Recipientes

boião (m) de vidro	słoik (m)	['swɔik]
lata (~ de cerveja)	puszka (ż)	['puʃka]
balde (m)	wiadro (n)	['vʲadrɔ]
barril (m)	beczka (ż)	['bɛtʃka]
bacia (~ de plástico)	miednica (ż)	[mʲed'nitsa]

tanque (m)	zbiornik (m)	['zbɜrnik]
cantil (m) de bolso	piersiówka (ż)	[per'ɕyvka]
bidão (m) de gasolina	kanister (m)	[ka'nistɛr]
cisterna (f)	cysterna (ż)	[tsis'tɛrna]

caneca (f)	kubek (m)	['kubɛk]
chávena (f)	filiżanka (ż)	[fili'ʒaŋka]
pires (m)	spodek (m)	['spodɛk]
copo (m)	szklanka (ż)	['ʃkʎaŋka]
taça (f) de vinho	kielich (m)	['kelih]
panela, caçarola (f)	garnek (m)	['garnɛk]

| garrafa (f) | butelka (ż) | [bu'tɛʎka] |
| gargalo (m) | szyjka (ż) | ['ʃijka] |

jarro, garrafa (f)	karafka (ż)	[ka'rafka]
jarro (m) de barro	dzbanek (m)	['dzbanɛk]
recipiente (m)	naczynie (n)	[nat'ʃine]
pote (m)	garnek (m)	['garnɛk]
vaso (m)	wazon (m)	['vazɔn]

frasco (~ de perfume)	flakon (m)	[fʎa'kɔn]
frasquinho (ex. ~ de iodo)	fiolka (ż)	[fʰɜʎka]
tubo (~ de pasta dentífrica)	tubka (ż)	['tupka]

saca (ex. ~ de açúcar)	worek (m)	['vɔrɛk]
saco (~ de plástico)	torba (ż)	['tɔrba]
maço (m)	paczka (ż)	['patʃka]

caixa (~ de sapatos, etc.)	pudełko (n)	[pu'dɛwkɔ]
caixa (~ de madeira)	skrzynka (ż)	['skʃiŋka]
cesta (f)	koszyk (m)	['kɔʃik]

VERBOS PRINCIPAIS

13. Os verbos mais importantes. Parte 1

abrir (vt)	otwierać	[ɔt'feratʃ]
acabar, terminar (vt)	kończyć	['kɔɲtʃitʃ]
aconselhar (vt)	radzić	['radʒitʃ]
adivinhar (vt)	odgadnąć	[ɔd'gadnɔ̃tʃ]
advertir (vt)	ostrzegać	[ɔst'ʃɛgatʃ]
ajudar (vt)	pomagać	[pɔ'magatʃ]
almoçar (vi)	jeść obiad	[eɕtʃ 'ɔbʲat]
alugar (~ um apartamento)	wynajmować	[vinaj'mɔvatʃ]
amar (vt)	kochać	['kɔhatʃ]
ameaçar (vt)	grozić	['grɔʒitʃ]
anotar (escrever)	zapisywać	[zapi'sɨvatʃ]
apanhar (vt)	łowić	['wɔvitʃ]
apressar-se (vr)	śpieszyć się	['ɕpeʃitʃ ɕɛ̃]
arrepender-se (vr)	żałować	[ʒa'wɔvatʃ]
assinar (vt)	podpisywać	[pɔtpi'sɨvatʃ]
atirar, disparar (vi)	strzelać	['stʃɛʌatʃ]
brincar (vi)	żartować	[ʒar'tɔvatʃ]
brincar, jogar (crianças)	grać	[gratʃ]
buscar (vt)	szukać	['ʃukatʃ]
caçar (vi)	polować	[pɔ'lɔvatʃ]
cair (vi)	spadać	['spadatʃ]
cavar (vt)	kopać	['kɔpatʃ]
cessar (vt)	przestawać	[pʃɛs'tavatʃ]
chamar (~ por socorro)	wołać	['vɔwatʃ]
chegar (vi)	przyjeżdżać	[pʃi'eʒdʒatʃ]
chorar (vi)	płakać	['pwakatʃ]
começar (vt)	rozpoczynać	[rɔspɔt'ʃɨnatʃ]
comparar (vt)	porównywać	[pɔruv'nivatʃ]
compreender (vt)	rozumieć	[rɔ'zumetʃ]
concordar (vi)	zgadzać się	['zgadzatʃ ɕɛ̃]
confiar (vt)	ufać	['ufatʃ]
confundir (equivocar-se)	mylić	['militʃ]
conhecer (vt)	znać	[znatʃ]
contar (fazer contas)	liczyć	['litʃitʃ]
contar com (esperar)	liczyć na ...	['litʃitʃ na]
continuar (vt)	kontynuować	[kɔntinu'ɔvatʃ]
controlar (vt)	kontrolować	[kɔntrɔ'lɔvatʃ]
convidar (vt)	zapraszać	[zap'raʃatʃ]
correr (vi)	biec	[bets]

| criar (vt) | stworzyć | ['stfɔʒitʃ] |
| custar (vt) | kosztować | [kɔʃˈtɔvatʃ] |

14. Os verbos mais importantes. Parte 2

dar (vt)	dawać	['davatʃ]
dar uma dica	czynić aluzje	['tʃinitʃ aˈlyzʰe]
decorar (enfeitar)	ozdabiać	[ɔzˈdabʲatʃ]
defender (vt)	bronić	['brɔnitʃ]
deixar cair (vt)	upuszczać	[uˈpuʃtʃatʃ]

descer (para baixo)	schodzić	['shɔdʑitʃ]
desculpar-se (vr)	przepraszać	[pʃɛpˈraʃatʃ]
dirigir (~ uma empresa)	kierować	[keˈrɔvatʃ]
discutir (notícias, etc.)	omawiać	[ɔˈmavʲatʃ]
dizer (vt)	powiedzieć	[pɔˈvedʑetʃ]

duvidar (vt)	wątpić	['võtpitʃ]
encontrar (achar)	znajdować	[znajˈdɔvatʃ]
enganar (vt)	oszukiwać	[ɔʃuˈkivatʃ]
entrar (na sala, etc.)	wchodzić	['fhɔdʑitʃ]
enviar (uma carta)	wysyłać	[viˈsiwatʃ]

errar (equivocar-se)	mylić się	['mɨlitʃ ɕɛ̃]
escolher (vt)	wybierać	[viˈberatʃ]
esconder (vt)	chować	['hɔvatʃ]
escrever (vt)	pisać	['pisatʃ]
esperar (o autocarro, etc.)	czekać	['tʃɛkatʃ]

esperar (ter esperança)	mieć nadzieję	[metʃ naˈdʑeɛ̃]
esquecer (vt)	zapominać	[zapɔˈminatʃ]
estudar (vt)	studiować	[studʰɔvatʃ]
exigir (vt)	zażądać	[zaˈʒõdatʃ]
existir (vi)	istnieć	['istnetʃ]

explicar (vt)	objaśniać	[ɔbʰˈjaɕɲatʃ]
falar (vi)	rozmawiać	[rɔzˈmavʲatʃ]
faltar (clases, etc.)	opuszczać	[ɔˈpuʃtʃatʃ]

| fazer (vt) | robić | ['rɔbitʃ] |
| gabar-se, jactar-se (vr) | chwalić się | ['hfalitʃ ɕɛ̃] |

gostar (apreciar)	podobać się	[pɔˈdɔbatʃ ɕɛ̃]
gritar (vi)	krzyczeć	['kʃitʃɛtʃ]
guardar (cartas, etc.)	zachowywać	[zahɔˈvivatʃ]

| informar (vt) | informować | [infɔrˈmɔvatʃ] |
| insistir (vi) | nalegać | [naˈlegatʃ] |

insultar (vt)	znieważać	[zneˈvaʒatʃ]
interessar-se (vr)	interesować się	[intɛrɛˈsɔvatʃ ɕɛ̃]
ir (a pé)	iść	[iɕtʃ]
ir nadar	kąpać się	['kõpatʃ ɕɛ̃]
jantar (vi)	jeść kolację	[eɕtʃ kɔˈʎatsʰɛ̃]

15. Os verbos mais importantes. Parte 3

ler (vt)	czytać	['tʃitatʃ]
libertar (cidade, etc.)	wyzwalać	[vɨz'vaʎatʃ]
matar (vt)	zabijać	[za'bijatʃ]
mencionar (vt)	wspominać	[fspɔ'minatʃ]
mostrar (vt)	pokazywać	[pɔka'zɨvatʃ]
mudar (modificar)	zmienić	['zmenitʃ]
nadar (vi)	pływać	['pwɨvatʃ]
negar-se a ...	odmawiać	[ɔd'mavʲatʃ]
objetar (vt)	sprzeciwiać się	[spʃɛ'tʃivʲatʃ ɕɛ̃]
observar (vt)	obserwować	[ɔbsɛr'vɔvatʃ]
ordenar (mil.)	rozkazywać	[rɔska'zɨvatʃ]
ouvir (vt)	słyszeć	['swɨʃɛtʃ]
pagar (vt)	płacić	['pwatʃitʃ]
parar (vi)	zatrzymywać się	[zatʃi'mɨvatʃ ɕɛ̃]
participar (vi)	uczestniczyć	[utʃɛst'nitʃitʃ]
pedir (comida)	zamawiać	[za'mavʲatʃ]
pedir (um favor, etc.)	prosić	['prɔɕitʃ]
pegar (tomar)	brać	[bratʃ]
pensar (vt)	myśleć	['mɨɕletʃ]
perceber (ver)	zauważać	[zau'vaʒatʃ]
perdoar (vt)	przebaczać	[pʃɛ'batʃatʃ]
perguntar (vt)	pytać	['pɨtatʃ]
permitir (vt)	zezwalać	[zɛz'vaʎatʃ]
pertencer a ...	należeć	[na'leʒɛtʃ]
planear (vt)	planować	[pʎa'nɔvatʃ]
possuir (vt)	posiadać	[pɔ'ɕadatʃ]
preferir (vt)	woleć	['vɔletʃ]
preparar (vt)	gotować	[gɔ'tɔvatʃ]
prever (vt)	przewidzieć	[pʃɛ'vidʑetʃ]
prometer (vt)	obiecać	[ɔ'betsatʃ]
pronunciar (vt)	wymawiać	[vɨ'mavʲatʃ]
propor (vt)	proponować	[prɔpɔ'nɔvatʃ]
punir (castigar)	karać	['karatʃ]

16. Os verbos mais importantes. Parte 4

quebrar (vt)	psuć	[psutʃ]
queixar-se (vr)	skarżyć się	['skarʒitʃ ɕɛ̃]
querer (desejar)	chcieć	[htʃetʃ]
recomendar (vt)	polecać	[pɔ'letsatʃ]
repetir (dizer outra vez)	powtarzać	[pɔf'taʒatʃ]
repreender (vt)	besztać	['bɛʃtatʃ]
reservar (~ um quarto)	rezerwować	[rɛzɛr'vɔvatʃ]
responder (vt)	odpowiadać	[ɔtpɔ'vʲadatʃ]

| rezar, orar (vi) | modlić się | ['mɔdlitʃ ɕɛ̃] |
| rir (vi) | śmiać się | ['ɕmʲatʃ ɕɛ̃] |

roubar (vt)	kraść	[kraɕtʃ]
saber (vt)	wiedzieć	['vedʑetʃ]
sair (~ de casa)	wychodzić	[vi'hɔdʑitʃ]
salvar (vt)	ratować	[ra'tɔvatʃ]
seguir ...	podążać	[pɔ'dɔ̃ʒatʃ]

sentar-se (vr)	siadać	['ɕadatʃ]
ser necessário	być potrzebnym	[bitʃ pɔt'ʃɛbnim]
ser, estar	być	[bitʃ]
significar (vt)	znaczyć	['znatʃitʃ]

sorrir (vi)	uśmiechać się	[uɕ'mehatʃ ɕɛ̃]
subestimar (vt)	nie doceniać	[nedɔ'tsɛɲatʃ]
surpreender-se (vr)	dziwić się	['dʑivitʃ ɕɛ̃]
tentar (vt)	próbować	[pru'bɔvatʃ]

ter (vt)	mieć	[metʃ]
ter fome	chcieć jeść	[htʃetʃ eɕtʃ]
ter medo	bać się	[batʃ ɕɛ̃]
ter sede	chcieć pić	[htʃetʃ pitʃ]

tocar (com as mãos)	dotykać	[dɔ'tikatʃ]
tomar o pequeno-almoço	jeść śniadanie	[eɕtʃ ɕɲa'dane]
trabalhar (vi)	pracować	[pra'tsɔvatʃ]
traduzir (vt)	tłumaczyć	[twu'matʃitʃ]
unir (vt)	łączyć	['wɔ̃tʃitʃ]

vender (vt)	sprzedawać	[spʃɛ'davatʃ]
ver (vt)	widzieć	['vidʑetʃ]
virar (ex. ~ à direita)	skręcać	['skrɛntsatʃ]
voar (vi)	lecieć	['letʃetʃ]

TEMPO. CALENDÁRIO

17. Dias da semana

segunda-feira (f)	poniedziałek (m)	[pɔnɛ'dʒ'awɛk]
terça-feira (f)	wtorek (m)	['ftɔrɛk]
quarta-feira (f)	środa (ż)	['ɕrɔda]
quinta-feira (f)	czwartek (m)	['ʧfartɛk]
sexta-feira (f)	piątek (m)	[põtɛk]
sábado (m)	sobota (ż)	[sɔ'bɔta]
domingo (m)	niedziela (ż)	[nɛ'dʒeʎa]
hoje	dzisiaj	['dʑiɕaj]
amanhã	jutro	['jutrɔ]
depois de amanhã	pojutrze	[pɔ'jutʃɛ]
ontem	wczoraj	['fʧɔraj]
anteontem	przedwczoraj	[pʃɛtft'ʃɔraj]
dia (m)	dzień (m)	[dʒɛɲ]
dia (m) de trabalho	dzień (m) roboczy	[dʒɛɲ rɔ'bɔtʃi]
feriado (m)	dzień (m) świąteczny	[dʒɛɲ ɕfõ'tɛtʃni]
dia (m) de folga	dzień (m) wolny	[dʒɛɲ 'vɔʎni]
fim (m) de semana	weekend (m)	[u'ikɛnt]
o dia todo	cały dzień	['ʦawɨ dʒɛɲ]
no dia seguinte	następnego dnia	[nastɛp'nɛgɔ dɲa]
há dois dias	dwa dni temu	[dva dni 'tɛmu]
na véspera	w przeddzień	[f 'pʃɛddʒɛɲ]
diário	codzienny	[ʦɔ'dʒɛɲi]
todos os dias	codziennie	[ʦɔ'dʒɛɲe]
semana (f)	tydzień (m)	['tidʒɛɲ]
na semana passada	w zeszłym tygodniu	[v 'zɛʃwim ti'gɔdny]
na próxima semana	w następnym tygodniu	[v nas'tɛpnim ti'gɔdny]
semanal	tygodniowy	[tigɔd'nɔvi]
cada semana	co tydzień	[ʦɔ ti'dʒɛɲ]
duas vezes por semana	dwa razy w tygodniu	[dva 'razɨ v ti'gɔdny]
cada terça-feira	co wtorek	[ʦɔ 'ftɔrek]

18. Horas. Dia e noite

manhã (f)	ranek (m)	['ranɛk]
de manhã	rano	['ranɔ]
meio-dia (m)	południe (n)	[pɔ'wudne]
à tarde	po południu	[pɔ pɔ'wudny]
noite (f)	wieczór (m)	['vetʃur]
à noite (noitinha)	wieczorem	[vet'ʃɔrɛm]

noite (f)	noc (ż)	[nɔʦ]
à noite	w nocy	[v 'nɔʦi]
meia-noite (f)	północ (ż)	['puwnɔʦ]

segundo (m)	sekunda (ż)	[sɛ'kunda]
minuto (m)	minuta (ż)	[mi'nuta]
hora (f)	godzina (ż)	[gɔ'ʤina]
meia hora (f)	pół godziny	[puw gɔ'ʤini]
quarto (m) de hora	kwadrans (m)	['kfadrans]
quinze minutos	piętnaście minut	[pɛ̃t'naɕʨe 'minut]
vinte e quatro horas	doba (ż)	['dɔba]

nascer (m) do sol	wschód (m) słońca	[fshut 'swɔɲʦa]
amanhecer (m)	świt (m)	[ɕfit]
madrugada (f)	wczesny ranek (m)	['fʧɛsni 'ranɛk]
pôr do sol (m)	zachód (m)	['zahut]

de madrugada	wcześnie rano	['fʧɛɕne 'ranɔ]
hoje de manhã	dzisiaj rano	['ʤiɕaj 'ranɔ]
amanhã de manhã	jutro rano	['jutrɔ 'ranɔ]

hoje à tarde	dzisiaj w dzień	['ʤiɕaj v ʤeɲ]
à tarde	po południu	[pɔ pɔ'wudny]
amanhã à tarde	jutro popołudniu	[jutrɔ pɔpɔ'wudny]

| hoje à noite | dzisiaj wieczorem | [ʤiɕaj vet'ʃɔrɛm] |
| amanhã à noite | jutro wieczorem | ['jutrɔ vet'ʃɔrɛm] |

às três horas em ponto	równo o trzeciej	['ruvnɔ ɔ 'ʧɛʧej]
por volta das quatro	około czwartej	[ɔ'kɔwɔ 'ʧfartɛj]
às doze	na dwunastą	[na dvu'nastɔ̃]

dentro de vinte minutos	za dwadzieścia minut	[za dva'ʤɛɕʨa 'minut]
dentro duma hora	za godzinę	[za gɔ'ʤinɛ̃]
a tempo	na czas	[na ʧas]

menos um quarto	za kwadrans	[za 'kfadrans]
durante uma hora	w ciągu godziny	[f ʧɔ̃gu gɔ'ʤini]
a cada quinze minutos	co piętnaście minut	[ʦɔ pɛ̃t'naɕʨe 'minut]
as vinte e quatro horas	całą dobę	['ʦawɔ̃ 'dɔbɛ̃]

19. Meses. Estações

janeiro (m)	styczeń (m)	['stiʧɛɲ]
fevereiro (m)	luty (m)	['lyti]
março (m)	marzec (m)	['maʒɛʦ]
abril (m)	kwiecień (m)	['kfeʨeɲ]
maio (m)	maj (m)	[maj]
junho (m)	czerwiec (m)	['ʧɛrveʦ]

julho (m)	lipiec (m)	['lipeʦ]
agosto (m)	sierpień (m)	['ɕerpeɲ]
setembro (m)	wrzesień (m)	['vʒeɕeɲ]
outubro (m)	październik (m)	[paʑ'ʤernik]

novembro (m)	listopad (m)	[lis'tɔpat]
dezembro (m)	grudzień (m)	['grudʒeɲ]
primavera (f)	wiosna (ż)	['vɔsna]
na primavera	wiosną	['vɔsnɔ̃]
primaveril	wiosenny	[vʒ'sɛɲi]
verão (m)	lato (n)	['ʎatɔ]
no verão	latem	['ʎatɛm]
de verão	letni	['letni]
outono (m)	jesień (ż)	['eɕeɲ]
no outono	jesienią	[e'ɕenɔ̃]
outonal	jesienny	[e'ɕeɲi]
inverno (m)	zima (ż)	['ʒima]
no inverno	zimą	['ʒimɔ̃]
de inverno	zimowy	[ʒi'mɔvi]
mês (m)	miesiąc (m)	['meɕɔ̃ts]
este mês	w tym miesiącu	[f tim me'ɕɔ̃tsu]
no próximo mês	w przyszłym miesiącu	[v 'pʃiʃwim me'ɕɔ̃tsu]
no mês passado	w zeszłym miesiącu	[v 'zɛʃwim me'ɕɔ̃tsu]
há um mês	miesiąc temu	['meɕɔ̃ts 'tɛmu]
dentro de um mês	za miesiąc	[za 'meɕɔ̃ts]
dentro de dois meses	za dwa miesiące	[za dva me'ɕɔ̃tse]
todo o mês	przez cały miesiąc	[pʃɛs 'tsawi 'meɕɔ̃ts]
um mês inteiro	cały miesiąc	['tsawi 'meɕɔ̃ts]
mensal	comiesięczny	[tsɔme'ɕentʃni]
mensalmente	comiesięcznie	[tsɔme'ɕentʃne]
cada mês	co miesiąc	[tsɔ 'meɕɔ̃ts]
duas vezes por mês	dwa razy w miesiącu	[dva 'razi v meɕɔ̃tsu]
ano (m)	rok (m)	[rɔk]
este ano	w tym roku	[f tim 'rɔku]
no próximo ano	w przyszłym roku	[v 'pʃiʃwim 'rɔku]
no ano passado	w zeszłym roku	[v 'zɛʃwim 'rɔku]
há um ano	rok temu	[rɔk 'tɛmu]
dentro dum ano	za rok	[za rɔk]
dentro de 2 anos	za dwa lata	[za dva 'ʎata]
todo o ano	cały rok	['tsawi rɔk]
um ano inteiro	cały rok	['tsawi rɔk]
cada ano	co roku	[tsɔ 'rɔku]
anual	coroczny	[tsɔ'rɔtʃni]
anualmente	corocznie	[tsɔ'rɔtʃne]
quatro vezes por ano	cztery razy w roku	['tʃtɛri 'razi v 'rɔku]
data (~ de hoje)	data (ż)	['data]
data (ex. ~ de nascimento)	data (ż)	['data]
calendário (m)	kalendarz (m)	[ka'lendaʃ]
meio ano	pół roku	[puw 'rɔku]
seis meses	półrocze (n)	[puw'rɔtʃɛ]

| estação (f) | sezon (m) | ['sɛzɔn] |
| século (m) | wiek (m) | [vek] |

VIAGENS. HOTEL

20. Viagens

turismo (m)	turystyka (ż)	[tu'ristika]
turista (m)	turysta (m)	[tu'rista]
viagem (f)	podróż (ż)	['podruʃ]
aventura (f)	przygoda (ż)	[pʃi'goda]
viagem (f)	podróż (ż)	['podruʃ]

férias (f pl)	urlop (m)	['urlɔp]
estar de férias	być na urlopie	[bitʃ na ur'lɔpe]
descanso (m)	wypoczynek (m)	[vipot'ʃinɛk]

comboio (m)	pociąg (m)	['potʃõk]
de comboio (chegar ~)	pociągiem	[potʃõgem]
avião (m)	samolot (m)	[sa'mɔlɔt]
de avião	samolotem	[samɔ'lɔtɛm]
de carro	samochodem	[samɔ'hɔdɛm]
de navio	statkiem	['statkem]

bagagem (f)	bagaż (m)	['bagaʃ]
mala (f)	walizka (ż)	[va'liska]
carrinho (m)	wózek (m) bagażowy	['vuzɛk baga'ʒɔvi]

passaporte (m)	paszport (m)	['paʃpɔrt]
visto (m)	wiza (ż)	['viza]
bilhete (m)	bilet (m)	['bilet]
bilhete (m) de avião	bilet (m) lotniczy	['bilet lɔt'nitʃi]

guia (m) de viagem	przewodnik (m)	[pʃɛ'vɔdnik]
mapa (m)	mapa (ż)	['mapa]
local (m), area (f)	miejscowość (ż)	[mejs'tsɔvɔctʃ]
lugar, sítio (m)	miejsce (n)	['mejstsɛ]

exotismo (m)	egzotyka (ż)	[ɛg'zɔtika]
exótico	egzotyczny	[ɛgzɔ'titʃni]
surpreendente	zadziwiający	[zadʒivjaõtsi]

grupo (m)	grupa (ż)	['grupa]
excursão (f)	wycieczka (ż)	[vi'tʃetʃka]
guia (m)	przewodnik (ż)	[pʃɛ'vɔdnik]

21. Hotel

hotel (m)	hotel (m)	['hɔtɛʎ]
motel (m)	motel (m)	['mɔtɛʎ]
três estrelas	trzy gwiazdki	[tʃi 'gviaztki]

| cinco estrelas | pięć gwiazdek | [pɛ̃ʧ 'gvʲazdɛk] |
| ficar (~ num hotel) | zatrzymać się | [zat'ʃimaʧ ɕɛ̃] |

quarto (m)	pokój (m)	['pɔkuj]
quarto (m) individual	pokój (m) jednoosobowy	['pɔkuj ɛdnɔ:sɔ'bɔvʲ]
quarto (m) duplo	pokój (m) dwuosobowy	['pɔkuj dvuɔsɔ'bɔvʲ]
reservar um quarto	rezerwować pokój	[rɛzɛr'vɔvaʧ 'pɔkuj]

| meia pensão (f) | wyżywienie (n) Half Board | [viʑi'vene haf bɔrd] |
| pensão (f) completa | pełne (n) wyżywienie | ['pɛwnɛ viʑivi'ene] |

com banheira	z łazienką	[z wa'ʒenkɔ̃]
com duche	z prysznicem	[z priʃ'niʦɛm]
televisão (m) satélite	telewizja (ż) satelitarna	[tɛle'vizʰja satɛli'tarna]
ar (m) condicionado	klimatyzator (m)	[klimati'zatɔr]
toalha (f)	ręcznik (m)	['rɛnʧnik]
chave (f)	klucz (m)	[klyʧ]

administrador (m)	administrator (m)	[administ'ratɔr]
camareira (f)	pokojówka (ż)	[pɔkɔ'jufka]
bagageiro (m)	tragarz (m)	['tragaʃ]
porteiro (m)	odźwierny (m)	[ɔd'vjernʲ]

restaurante (m)	restauracja (ż)	[rɛstau'raʦʰja]
bar (m)	bar (m)	[bar]
pequeno-almoço (m)	śniadanie (n)	[ɕɲa'dane]
jantar (m)	kolacja (ż)	[kɔ'ʎaʦʰja]
buffet (m)	szwedzki stół (m)	['ʃfɛʦki stuw]

elevador (m)	winda (ż)	['vinda]
NÃO PERTURBE	NIE PRZESZKADZAĆ	[ne pʃɛʃ'kaʣaʧ]
PROIBIDO FUMAR!	ZAKAZ PALENIA!	['zakas pa'leɲa]

22. Turismo

monumento (m)	pomnik (m)	['pɔmnik]
fortaleza (f)	twierdza (ż)	['tferʣa]
palácio (m)	pałac (m)	['pawaʦ]
castelo (m)	zamek (m)	['zamɛk]
torre (f)	wieża (ż)	['veʒa]
mausoléu (m)	mauzoleum (n)	[mauzɔ'leum]

arquitetura (f)	architektura (ż)	[arhitɛk'tura]
medieval	średniowieczny	[ɕrɛdnɔ'veʧni]
antigo	zabytkowy	[zabit'kɔvʲ]
nacional	narodowy	[narɔ'dɔvʲ]
conhecido	znany	['znani]

turista (m)	turysta (m)	[tu'rista]
guia (pessoa)	przewodnik (m)	[pʃɛ'vɔdnik]
excursão (f)	wycieczka (ż)	[vi'ʧeʧka]
mostrar (vt)	pokazywać	[pɔka'zivaʧ]
contar (vt)	opowiadać	[ɔpɔ'vʲadaʧ]
encontrar (vt)	znaleźć	['znaleʨ]

perder-se (vr)	zgubić się	['zgubitʃ ɕɛ̃]
mapa (~ do metrô)	plan (m)	[pʎan]
mapa (~ da cidade)	plan (m)	[pʎan]

lembrança (f), presente (m)	pamiątka (ż)	[pamɔ̃tka]
loja (f) de presentes	sklep (m) z upominkami	[sklep s upɔmi'ŋkami]
fotografar (vt)	robić zdjęcia	['rɔbitʃ 'zdʰɛ̃tʃa]
fotografar-se	fotografować się	[fɔtɔgra'fɔvatʃ ɕɛ̃]

TRANSPORTES

23. Aeroporto

aeroporto (m)	port (m) lotniczy	[pɔrt lɔt'nitʃi]
avião (m)	samolot (m)	[sa'mɔlɔt]
companhia (f) aérea	linie (l.mn.) lotnicze	['liɲje lɔt'nitʃɛ]
controlador (m) de tráfego aéreo	kontroler (m) lotów	[kɔnt'rɔler 'lɔtuf]
partida (f)	odlot (m)	['ɔdlɔt]
chegada (f)	przylot (m)	['pʃilɔt]
chegar (~ de avião)	przylecieć	[pʃi'letʃetʃ]
hora (f) de partida	godzina (ż) odlotu	[gɔ'dʑina ɔd'lɔtu]
hora (f) de chegada	godzina (ż) przylotu	[gɔ'dʑina pʃi'lɔtu]
estar atrasado	opóźniać się	[ɔ'puʑɲatʃ ɕɛ̃]
atraso (m) de voo	opóźnienie (n) odlotu	[ɔpuʑ'nene ɔd'lɔtu]
painel (m) de informação	tablica (ż) informacyjna	[tab'litsa infɔrma'tsijna]
informação (f)	informacja (ż)	[infɔr'matsʰja]
anunciar (vt)	ogłaszać	[ɔg'waʃatʃ]
voo (m)	lot (m)	['lɔt]
alfândega (f)	urząd (m) celny	['uʒɔ̃t 'tsɛɫni]
funcionário (m) da alfândega	celnik (m)	['tsɛɫnik]
declaração (f) alfandegária	deklaracja (ż)	[dɛkʎa'ratsʰja]
preencher a declaração	wypełnić deklarację	[vi'pɛwnitʃ dɛkʎa'ratsʰɛ̃]
controlo (m) de passaportes	odprawa (ż) paszportowa	[ɔtp'rava paʃpɔr'tɔva]
bagagem (f)	bagaż (m)	['bagaʃ]
bagagem (f) de mão	bagaż (m) podręczny	['bagaʃ pɔd'rɛntʃni]
carrinho (m)	wózek (m) bagażowy	['vuzɛk baga'ʒɔvi]
aterragem (f)	lądowanie (n)	[lɔ̃dɔ'vane]
pista (f) de aterragem	pas (m) startowy	[pas star'tɔvi]
aterrar (vi)	lądować	[lɔ̃'dɔvatʃ]
escada (f) de avião	schody (l.mn.) do samolotu	['shɔdɨ dɔ samɔ'lɔtu]
check-in (m)	odprawa (ż) biletowa	[ɔtp'rava bile'tɔva]
balcão (m) do check-in	stanowisko (n) odprawy	[stanɔ'viskɔ ɔtp'ravi]
fazer o check-in	zgłosić się do odprawy	['zgwɔɕitʃ ɕɛ̃ dɔ ɔtp'ravi]
cartão (m) de embarque	karta (ż) pokładowa	['karta pɔkwa'dɔva]
porta (f) de embarque	wyjście (n) do odprawy	['vijɕtʃe dɔ ɔtp'ravi]
trânsito (m)	tranzyt (m)	['tranzɨt]
esperar (vi, vt)	czekać	['tʃɛkatʃ]
sala (f) de espera	poczekalnia (ż)	[pɔtʃɛ'kaʎna]

despedir-se de ...	odprowadzać	[ɔtprɔ'vadzatʃ]
despedir-se (vr)	żegnać się	['ʒɛgnatʃ ɕɛ̃]

24. Avião

avião (m)	samolot (m)	[sa'mɔlɜt]
bilhete (m) de avião	bilet (m) lotniczy	['bilet lɜt'nitʃi]
companhia (f) aérea	linie (l.mn.) lotnicze	['linje lɜt'nitʃɛ]
aeroporto (m)	port (m) lotniczy	[pɔrt lɜt'nitʃi]
supersónico	ponaddźwiękowy	[pɔnaddʒʲvɛ̃'kɔvi]

comandante (m) do avião	kapitan (m) statku	[ka'pitan 'statku]
tripulação (f)	załoga (ż)	[za'wɔga]
piloto (m)	pilot (m)	['pilɜt]
hospedeira (f) de bordo	stewardessa (ż)	[stʰjuar'dɛsa]
copiloto (m)	nawigator (m)	[navi'gatɔr]

asas (f pl)	skrzydła (l.mn.)	['skʃidwa]
cauda (f)	ogon (m)	['ɔgɔn]
cabine (f) de pilotagem	kabina (ż)	[ka'bina]
motor (m)	silnik (m)	['ɕiʌnik]
trem (m) de aterragem	podwozie (n)	[pɔd'vɔʒe]
turbina (f)	turbina (ż)	[tur'bina]
hélice (f)	śmigło (n)	['ɕmigwɔ]
caixa-preta (f)	czarna skrzynka (ż)	['tʃarna 'skʃiŋka]
coluna (f) de controlo	wolant (m)	['vɔʌant]
combustível (m)	paliwo (n)	[pa'livɔ]

instruções (f pl) de segurança	instrukcja (ż)	[inst'ruktsʰja]
máscara (f) de oxigénio	maska (ż) tlenowa	['maska tle'nɔva]
uniforme (m)	uniform (m)	[u'nifɔrm]
colete (m) salva-vidas	kamizelka (ż) ratunkowa	[kami'zɛʌka ratu'ŋkɔva]
paraquedas (m)	spadochron (m)	[spa'dɔhrɔn]
descolagem (f)	start (m)	[start]
descolar (vi)	startować	[star'tɔvatʃ]
pista (f) de descolagem	pas (m) startowy	[pas star'tɔvi]

visibilidade (f)	widoczność (ż)	[vi'dɔtʃnɔɕtʃ]
voo (m)	lot (m)	['lɜt]
altura (f)	wysokość (ż)	[vɨ'sɔkɔɕtʃ]
poço (m) de ar	dziura (ż) powietrzna	['dʒyra pɔ'vetʃna]

assento (m)	miejsce (n)	['mejstsɛ]
auscultadores (m pl)	słuchawki (l.mn.)	[swu'hafki]
mesa (f) rebatível	stolik (m) rozkładany	['stɔlik rɔskwa'danɨ]
vigia (f)	iluminator (m)	[ilymi'natɔr]
passagem (f)	przejście (n)	['pʃɛjɕtʃe]

25. Comboio

comboio (m)	pociąg (m)	['pɔtʃɔ̃k]
comboio (m) suburbano	pociąg (m) podmiejski	['pɔtʃɔ̃k pɔd'mejski]

comboio (m) rápido	pociąg (m) pośpieszny	['pɔtʃɔ̃k pɔɕ'peʃni]
locomotiva (f) diesel	lokomotywa (ż)	[lɔkɔmɔ'tiva]
locomotiva (f) a vapor	parowóz (m)	[pa'rɔvus]
carruagem (f)	wagon (m)	['vagɔn]
carruagem restaurante (f)	wagon (m) restauracyjny	['vagɔn rɛstaura'tsijni]
carris (m pl)	szyny (l.mn.)	['ʃini]
caminho de ferro (m)	kolej (ż)	['kɔlej]
travessa (f)	podkład (m)	['pɔtkwat]
plataforma (f)	peron (m)	['pɛrɔn]
linha (f)	tor (m)	[tɔr]
semáforo (m)	semafor (m)	[sɛ'mafɔr]
estação (f)	stacja (ż)	['statsʰja]
maquinista (m)	maszynista (m)	[maʃi'nista]
bagageiro (m)	tragarz (m)	['tragaʃ]
hospedeiro, -a	konduktor (m)	[kɔn'duktɔr]
(da carruagem)		
passageiro (m)	pasażer (m)	[pa'saʒɛr]
revisor (m)	kontroler (m)	[kɔnt'rɔler]
corredor (m)	korytarz (m)	[kɔ'ritaʃ]
freio (m) de emergência	hamulec (m) bezpieczeństwa	[ha'mulets bɛzpet'ʃɛnstfa]
compartimento (m)	przedział (m)	['pʃɛdʒ'aw]
cama (f)	łóżko (n)	['wuʃkɔ]
cama (f) de cima	łóżko (n) górne	['wuʃkɔ 'gurnɛ]
cama (f) de baixo	łóżko (n) dolne	['wuʃkɔ 'dɔʎnɛ]
roupa (f) de cama	pościel (ż)	['pɔɕtʃeʎ]
bilhete (m)	bilet (m)	['bilet]
horário (m)	rozkład (m) jazdy	['rɔskwad 'jazdi]
painel (m) de informação	tablica (ż) informacyjna	[tab'litsa infɔrma'tsijna]
partir (vt)	odjeżdżać	[ɔdʰ'eʒdʒatʃ]
partida (f)	odjazd (m)	['ɔdʰjast]
chegar (vi)	wjeżdżać	['vʰeʒdʒatʃ]
chegada (f)	przybycie (n)	[pʃi'bitʃe]
chegar de comboio	przyjechać pociągiem	[pʃi'ehatʃ pɔtʃɔ̃gem]
apanhar o comboio	wsiąść do pociągu	[fɕɔ̃ɕtʃ dɔ pɔtʃɔ̃gu]
sair do comboio	wysiąść z pociągu	['viɕɔ̃ɕtʃ s pɔtʃɔ̃gu]
acidente (m) ferroviário	katastrofa (ż)	[katast'rɔfa]
locomotiva (f) a vapor	parowóz (m)	[pa'rɔvus]
fogueiro (m)	palacz (m)	['paʎatʃ]
fornalha (f)	palenisko (n)	[pale'niskɔ]
carvão (m)	węgiel (m)	['vɛŋeʎ]

26. Barco

navio (m)	statek (m)	['statɛk]
embarcação (f)	okręt (m)	['ɔkrɛ̃t]

vapor (m)	parowiec (m)	[pa'rɔvets]
navio (m)	motorowiec (m)	[mɔtɔ'rɔvets]
transatlântico (m)	liniowiec (m)	[li'njɔvets]
cruzador (m)	krążownik (m)	[krɔ̃'ʒɔvnik]

iate (m)	jacht (m)	[jaht]
rebocador (m)	holownik (m)	[hɔ'lɜvnik]
barcaça (f)	barka (ż)	['barka]
ferry (m)	prom (m)	[prɔm]

veleiro (m)	żaglowiec (m)	[ʒag'lɜvets]
bergantim (m)	brygantyna (ż)	[brigan'tina]

quebra-gelo (m)	lodołamacz (m)	[lɜdɔ'wamatʃ]
submarino (m)	łódź (ż) podwodna	[wutʃ pɔd'vɔdna]

bote, barco (m)	łódź (ż)	[wutʃ]
bote, dingue (m)	szalupa (ż)	[ʃa'lypa]
bote (m) salva-vidas	szalupa (ż)	[ʃa'lypa]
lancha (f)	motorówka (ż)	[mɔtɔ'rufka]

capitão (m)	kapitan (m)	[ka'pitan]
marinheiro (m)	marynarz (m)	[ma'rinaʃ]
marujo (m)	marynarz (m)	[ma'rinaʃ]
tripulação (f)	załoga (ż)	[za'wɔga]

contramestre (m)	bosman (m)	['bɔsman]
grumete (m)	chłopiec (m) okrętowy	['hwɔpets ɔkrɛ̃'tɔvi]
cozinheiro (m) de bordo	kucharz (m) okrętowy	['kuhaʃ ɔkrɛ̃'tɔvi]
médico (m) de bordo	lekarz (m) okrętowy	['lekaʃ ɔkrɛ̃'tɔvi]

convés (m)	pokład (m)	['pɔkwat]
mastro (m)	maszt (m)	[maʃt]
vela (f)	żagiel (m)	['ʒageʎ]

porão (m)	ładownia (ż)	[wa'dɔvɲa]
proa (f)	dziób (m)	[ʤyp]
popa (f)	rufa (ż)	['rufa]
remo (m)	wiosło (n)	['vɜswɔ]
hélice (f)	śruba (ż) napędowa	['ɕruba napɛ̃'dɔva]

camarote (m)	kajuta (ż)	[ka'juta]
sala (f) dos oficiais	mesa (ż)	['mɛsa]
sala (f) das máquinas	maszynownia (ż)	[maʃi'nɔvɲa]
ponte (m) de comando	mostek (m) kapitański	['mɔstɛk kapi'taɲski]
sala (f) de comunicações	radiokabina (ż)	[radʰɔka'bina]
onda (f) de rádio	fala (ż)	['faʎa]
diário (m) de bordo	dziennik (m) pokładowy	['ʤeɲik pɔkwa'dɔvi]

luneta (f)	luneta (ż)	[ly'nɛta]
sino (m)	dzwon (m)	[dzvɔn]
bandeira (f)	bandera (ż)	[ban'dɛra]

cabo (m)	lina (ż)	['lina]
nó (m)	węzeł (m)	['vɛnzɛw]
corrimão (m)	poręcz (ż)	['pɔrɛ̃tʃ]

prancha (f) de embarque	trap (m)	[trap]
âncora (f)	kotwica (ż)	[kɔt'fitsa]
recolher a âncora	podnieść kotwicę	['pɔdnɛctʃ kɔt'fitsɛ̃]
lançar a âncora	zarzucić kotwicę	[za'ʒutʃitʃ kɔt'fitsɛ̃]
amarra (f)	łańcuch (m) kotwicy	['waɲtsuh kɔt'fitsi]

porto (m)	port (m)	[pɔrt]
cais, amarradouro (m)	nabrzeże (n)	[nab'ʒɛʒɛ]
atracar (vi)	cumować	[tsu'mɔvatʃ]
desatracar (vi)	odbijać	[ɔd'bijatʃ]

viagem (f)	podróż (ż)	['pɔdruʃ]
cruzeiro (m)	podróż (ż) morska	['pɔdruʃ 'mɔrska]
rumo (m), rota (f)	kurs (m)	[kurs]
itinerário (m)	trasa (ż)	['trasa]

canal (m) navegável	tor (m) wodny	[tɔr 'vɔdnɨ]
banco (m) de areia	mielizna (ż)	[me'lizna]
encalhar (vt)	osiąść na mieliźnie	['ɔcɔ̃ɕctʃ na me'lizʲne]

tempestade (f)	sztorm (m)	[ʃtɔrm]
sinal (m)	sygnał (m)	['sɨgnaw]
afundar-se (vr)	tonąć	['tɔɔ̃ɲtʃ]
SOS	SOS	[ɛs ɔ ɛs]
boia (f) salva-vidas	koło (n) ratunkowe	['kɔwɔ ratu'ŋkɔvɛ]

CIDADE

27. Transportes urbanos

autocarro (m)	autobus (m)	[au'tɔbus]
elétrico (m)	tramwaj (m)	['tramvaj]
troleicarro (m)	trolejbus (m)	[trɔ'lejbus]
itinerário (m)	trasa (ż)	['trasa]
número (m)	numer (m)	['numɛr]
ir de ... (carro, etc.)	jechać w ...	['ehatʃ v]
entrar (~ no autocarro)	wsiąść	[fɕɔ̃ɕtʃ]
descer de ...	zsiąść z ...	[zɕɔ̃ɕtʃ z]
paragem (f)	przystanek (m)	[pʃis'tanɛk]
próxima paragem (f)	następny przystanek (m)	[nas'tɛpni pʃis'tanɛk]
ponto (m) final	stacja (ż) końcowa	['statsʰja kɔɲ'tsɔva]
horário (m)	rozkład (m) jazdy	['rɔskwad 'jazdi]
esperar (vt)	czekać	['tʃɛkatʃ]
bilhete (m)	bilet (m)	['bilet]
custo (m) do bilhete	cena (ż) biletu	['tsɛna bi'letu]
bilheteiro (m)	kasjer (m), kasjerka (ż)	['kasʰer], [kasʰ'erka]
controlo (m) dos bilhetes	kontrola (ż) biletów	[kɔnt'rɔʎa bi'letɔf]
revisor (m)	kontroler (m) biletów	[kɔnt'rɔler bi'letɔf]
atrasar-se (vr)	spóźniać się	['spuʑnatʃ ɕɛ̃]
perder (o autocarro, etc.)	spóźnić się	['spuʑnitʃ ɕɛ̃]
estar com pressa	śpieszyć się	['ɕpeʃitʃ ɕɛ̃]
táxi (m)	taksówka (ż)	[tak'sufka]
taxista (m)	taksówkarz (m)	[tak'sufkaʃ]
de táxi (ir ~)	taksówką	[tak'sufkɔ̃]
praça (f) de táxis	postój (m) taksówek	['pɔstuj tak'suvɛk]
chamar um táxi	wezwać taksówkę	['vɛzvatʃ tak'sufkɛ̃]
apanhar um táxi	wziąć taksówkę	[vʑɔ̃tʃ tak'sufkɛ̃]
tráfego (m)	ruch (m) uliczny	[ruh u'litʃni]
engarrafamento (m)	korek (m)	['kɔrɛk]
horas (f pl) de ponta	godziny (l.mn.) szczytu	[gɔ'dʑini 'ʃtʃitu]
estacionar (vi)	parkować	[par'kɔvatʃ]
estacionar (vt)	parkować	[par'kɔvatʃ]
parque (m) de estacionamento	parking (m)	['parkiŋk]
metro (m)	metro (n)	['mɛtrɔ]
estação (f)	stacja (ż)	['statsʰja]
ir de metro	jechać metrem	['ehatʃ 'mɛtrɛm]
comboio (m)	pociąg (m)	['pɔtʃɔ̃k]
estação (f)	dworzec (m)	['dvɔʒɛts]

28. Cidade. Vida na cidade

cidade (f)	miasto (n)	['mʲastɔ]
capital (f)	stolica (ż)	[stɔ'liʦa]
aldeia (f)	wieś (ż)	[veɕ]
mapa (m) da cidade	plan (m) miasta	[pʎan 'mʲasta]
centro (m) da cidade	centrum (n) miasta	['ʦɛntrum 'mʲasta]
subúrbio (m)	dzielnica (ż) podmiejska	[dʑɛʎ'niʦa pɔd'mejska]
suburbano	podmiejski	[pɔd'mejski]
periferia (f)	peryferie (l.mn.)	[pɛri'fɛrʰe]
arredores (m pl)	okolice (l.mn.)	[ɔkɔ'liʦɛ]
quarteirão (m)	osiedle (n)	[ɔ'ɕedle]
quarteirão (m) residencial	osiedle (n) mieszkaniowe	[ɔ'ɕedle meʃka'nɔvɛ]
tráfego (m)	ruch (m) uliczny	[ruh u'liʧnɨ]
semáforo (m)	światła (l.mn.)	['ɕfʲatwa]
transporte (m) público	komunikacja (ż) publiczna	[kɔmuni'kaʦʰja pub'liʧna]
cruzamento (m)	skrzyżowanie (n)	[skʃɨʒɔ'vane]
passadeira (f)	przejście (n)	['pʃɛjɕʧe]
passagem (f) subterrânea	przejście (n) podziemne	['pʃɛjɕʧe pɔ'dʑemnɛ]
cruzar, atravessar (vt)	przechodzić	[pʃɛ'hɔdʑiʧ]
peão (m)	pieszy (m)	['peʃɨ]
passeio (m)	chodnik (m)	['hɔdnik]
ponte (f)	most (m)	[mɔst]
margem (f) do rio	nadbrzeże (n)	[nadb'ʒɛʒɛ]
fonte (f)	fontanna (ż)	[fɔn'taɲa]
alameda (f)	aleja (ż)	[a'leja]
parque (m)	park (m)	[park]
bulevar (m)	bulwar (m)	['buʎvar]
praça (f)	plac (m)	[pʎaʦ]
avenida (f)	aleja (ż)	[a'leja]
rua (f)	ulica (ż)	[u'liʦa]
travessa (f)	zaułek (m)	[za'uwɛk]
beco (m) sem saída	ślepa uliczka (ż)	['ɕlepa u'liʧka]
casa (f)	dom (m)	[dɔm]
edifício, prédio (m)	budynek (m)	[bu'dinɛk]
arranha-céus (m)	wieżowiec (m)	[ve'ʒɔveʦ]
fachada (f)	fasada (ż)	[fa'sada]
telhado (m)	dach (m)	[dah]
janela (f)	okno (n)	['ɔknɔ]
arco (m)	łuk (m)	[wuk]
coluna (f)	kolumna (ż)	[kɔ'lymna]
esquina (f)	róg (m)	[ruk]
montra (f)	witryna (ż)	[vit'rina]
letreiro (m)	szyld (m)	[ʃiʎt]
cartaz (m)	afisz (m)	['afiʃ]
cartaz (m) publicitário	plakat (m) reklamowy	['pʎakat rɛkʎa'mɔvɨ]

painel (m) publicitário
lixo (m)
cesta (f) do lixo
jogar lixo na rua
aterro (m) sanitário

billboard (m)
śmiecie (l.mn.)
kosz (m) na śmieci
śmiecić
wysypisko (n) śmieci

['biʎbɔrt]
['ɕmetʃe]
[kɔʃ na 'ɕmetʃi]
['ɕmetʃitʃ]
[visipiskɔ 'ɕmetʃi]

cabine (f) telefónica
candeeiro (m) de rua
banco (m)

budka (ż) telefoniczna
słup (m) oświetleniowy
ławka (ż)

['butka tɛlefɔ'nitʃna]
[swup ɔɕvetle'nɔvi]
['wafka]

polícia (m)
polícia (instituição)
mendigo (m)
sem-abrigo (m)

policjant (m)
policja (ż)
żebrak (m)
bezdomny (m)

[pɔ'litsʰjant]
[pɔ'litsʰja]
['ʒɛbrak]
[bɛz'dɔmnɨ]

29. Instituições urbanas

loja (f)
farmácia (f)
ótica (f)
centro (m) comercial
supermercado (m)

sklep (m)
apteka (ż)
optyk (m)
centrum (n) handlowe
supermarket (m)

[sklep]
[ap'tɛka]
['ɔptik]
['tsɛntrum hand'lɔvɛ]
[supɛr'markɛt]

padaria (f)
padeiro (m)
pastelaria (f)
mercearia (f)
talho (m)

sklep (m) z pieczywem
piekarz (m)
cukiernia (ż)
sklep (m) spożywczy
sklep (m) mięsny

[sklep s pet'ʃivɛm]
['pekaʃ]
[tsu'kerɲa]
[sklep spɔ'ʒivtʃi]
[sklep 'mensnɨ]

loja (f) de legumes
mercado (m)

warzywniak (m)
targ (m)

[va'ʒivɲak]
[tark]

café (m)
restaurante (m)
bar (m), cervejaria (f)
pizzaria (f)

kawiarnia (ż)
restauracja (ż)
piwiarnia (ż)
pizzeria (ż)

[ka'vʲarɲa]
[rɛstau'ratsʰja]
[pi'vʲarɲa]
[pi'tserʰja]

salão (m) de cabeleireiro
correios (m pl)
lavandaria (f)
estúdio (m) fotográfico

salon (m) fryzjerski
poczta (ż)
pralnia (ż) chemiczna
zakład (m) fotograficzny

['salɔn frizʰ'erski]
['pɔtʃta]
['praʎɲa hɛ'mitʃna]
['zakwat fɔtɔgra'fitʃni]

sapataria (f)
livraria (f)
loja (f) de artigos de desporto

sklep (m) obuwniczy
księgarnia (ż)
sklep (m) sportowy

[sklep ɔbuv'nitʃi]
[kɕɛ̃'garɲa]
[sklep spɔr'tɔvi]

reparação (f) de roupa
aluguer (m) de roupa

aluguer (m) de filmes

reperacja (ż) odzieży
wypożyczanie (n) strojów
okazjonalnych
wypożyczalnia (ż) filmów

[rɛpɛ'ratsʰja ɔ'dʒeʒi]
[vipɔʒi'tʃane
strɔ'juv ɔkazʲɔ'naʎnih]
[vipɔʒit'ʃaʎɲa 'fiʎmuf]

circo (m)
jardim (m) zoológico
cinema (m)

cyrk (m)
zoo (n)
kino (n)

[tsɨrk]
['zɔ:]
['kinɔ]

museu (m)	muzeum (n)	[mu'zɛum]
biblioteca (f)	biblioteka (ż)	[biblɔ'tɛka]
teatro (m)	teatr (m)	['tɛatr]
ópera (f)	opera (ż)	['ɔpɛra]
clube (m) noturno	klub nocny (m)	[klyp 'nɔtsni]
casino (m)	kasyno (n)	[ka'sinɔ]
mesquita (f)	meczet (m)	['mɛtʃɛt]
sinagoga (f)	synagoga (ż)	[sina'gɔga]
catedral (f)	katedral (ż)	[ka'tɛdra]
templo (m)	świątynia (ż)	[ɕfɔ̃'tiɲa]
igreja (f)	kościół (m)	['kɔʃtʃɔw]
instituto (m)	instytut (m)	[ins'titut]
universidade (f)	uniwersytet (m)	[uni'vɛrsitɛt]
escola (f)	szkoła (ż)	['ʃkɔwa]
prefeitura (f)	urząd (m) dzielnicowy	['uʒɔ̃d dʑɛʎnitsɔvi]
câmara (f) municipal	urząd (m) miasta	['uʒɔ̃t 'mʲasta]
hotel (m)	hotel (m)	['hɔtɛʎ]
banco (m)	bank (m)	[baŋk]
embaixada (f)	ambasada (ż)	[amba'sada]
agência (f) de viagens	agencja (ż) turystyczna	[a'gɛntsʰja turis'titʃna]
agência (f) de informações	informacja (ż)	[infor'matsʰja]
casa (f) de câmbio	kantor (m)	['kantɔr]
metro (m)	metro (n)	['mɛtrɔ]
hospital (m)	szpital (m)	['ʃpitaʎ]
posto (m) de gasolina	stacja (ż) benzynowa	['statsʰja bɛnzi'nɔva]
parque (m) de estacionamento	parking (m)	['parkiŋk]

30. Sinais

letreiro (m)	szyld (m)	[ʃiʎt]
inscrição (f)	napis (m)	['napis]
cartaz, póster (m)	plakat (m)	['pʎakat]
sinal (m) informativo	drogowskaz (m)	[drɔ'gɔfskas]
seta (f)	strzałka (ż)	['stʃawka]
aviso (advertência)	ostrzeżenie (n)	[ɔstʃɛ'ʒɛne]
sinal (m) de aviso	przestroga (ż)	[pʃɛst'rɔga]
avisar, advertir (vt)	ostrzegać	[ɔst'ʃɛgatʃ]
dia (m) de folga	dzień (m) wolny	[dʑeɲ 'vɔʎni]
horário (m)	rozkład (m) jazdy	['rɔskwad 'jazdi]
horário (m) de funcionamento	godziny (l.mn.) pracy	[gɔ'dʑini 'pratsi]
BEM-VINDOS!	WITAMY!	[vi'tami]
ENTRADA	WEJŚCIE	['vɛjɕtʃe]
SAÍDA	WYJŚCIE	['vijɕtʃe]
EMPURRE	PCHAĆ	[phatʃ]

PUXE	CIĄGNĄĆ	[ʧɔ̃gnɔɲʧ]
ABERTO	OTWARTE	[ɔt'fartɛ]
FECHADO	ZAMKNIĘTE	[zamk'nentɛ]

| MULHER | DLA PAŃ | [dʎa paɲ] |
| HOMEM | DLA MĘŻCZYZN | [dʎa 'mɛ̃ʒʧizn] |

DESCONTOS	ZNIŻKI	['zniʃki]
SALDOS	WYPRZEDAŻ	[vip'ʃedaʃ]
NOVIDADE!	NOWOŚĆ!	['nɔvɔɕʧ]
GRÁTIS	GRATIS	['gratis]

ATENÇÃO!	UWAGA!	[u'vaga]
NÃO HÁ VAGAS	BRAK MIEJSC	[brak mejsʦ]
RESERVADO	REZERWACJA	[rɛzɛr'vaʦʰja]

| ADMINISTRAÇÃO | ADMINISTRACJA | [administ'raʦʰja] |
| SOMENTE PESSOAL AUTORIZADO | WEJŚCIE SŁUŻBOWE | ['vɛjɕʧe swuʒ'bɔvɛ] |

CUIDADO CÃO FEROZ	UWAGA! ZŁY PIES	[u'vaga zwi pes]
PROIBIDO FUMAR!	ZAKAZ PALENIA!	['zakas pa'leɲa]
NÃO TOCAR	NIE DOTYKAĆ!	[ne dɔ'tikaʧ]

PERIGOSO	NIEBEZPIECZNY	[nebɛs'peʧɲi]
PERIGO	NIEBEZPIECZEŃSTWO	[nebɛspeʧɛɲstfɔ]
ALTA TENSÃO	WYSOKIE NAPIĘCIE	[visɔke napɛ̃ʧe]
PROIBIDO NADAR	KĄPIEL WZBRONIONA	[kɔmpeʎ vzbrɔnɔ̃a]
AVARIADO	NIECZYNNE	[neʧiɲɛ]

INFLAMÁVEL	ŁATWOPALNE	[vatvɔ'paʎnɛ]
PROIBIDO	ZAKAZ	['zakas]
ENTRADA PROIBIDA	ZAKAZ PRZEJŚCIA	['zakas 'pʃɛjʧʲa]
CUIDADO TINTA FRESCA	ŚWIEŻO MALOWANE	['ɕfeʒɔ malɔ'vanɛ]

31. Compras

comprar (vt)	kupować	[ku'pɔvaʧ]
compra (f)	zakup (m)	['zakup]
fazer compras	robić zakupy	['rɔbiʧ za'kupi]
compras (f pl)	zakupy (l.mn.)	[za'kupi]

| estar aberta (loja, etc.) | być czynnym | [biʧ 'ʧiɲim] |
| estar fechada | być nieczynnym | [biʧ net'ʃiɲim] |

calçado (m)	obuwie (n)	[ɔ'buve]
roupa (f)	odzież (ż)	['ɔdʒeʃ]
cosméticos (m pl)	kosmetyki (l.mn.)	[kɔs'mɛtiki]
alimentos (m pl)	artykuły (l.mn.) spożywcze	[arti'kuwi spɔ'ʒifʧɛ]
presente (m)	prezent (m)	['prɛzɛnt]

vendedor (m)	ekspedient (m)	[ɛks'pɛdʰent]
vendedora (f)	ekspedientka (ż)	[ɛkspedʰ'entka]
caixa (f)	kasa (ż)	['kasa]

espelho (m)	lustro (n)	['lystrɔ]
balcão (m)	lada (ż)	['ʎada]
cabine (f) de provas	przymierzalnia (ż)	[pʃime'ʒaʎɲa]

provar (vt)	przymierzyć	[pʃi'meʒiʧ]
servir (vi)	pasować	[pa'sɔvaʧ]
gostar (apreciar)	podobać się	[pɔ'dɔbaʧ ɕɛ̃]

preço (m)	cena (ż)	['ʦɛna]
etiqueta (f) de preço	metka (ż)	['mɛtka]
custar (vt)	kosztować	[kɔʃ'tɔvaʧ]
Quanto?	Ile kosztuje?	['ile kɔʃ'tue]
desconto (m)	zniżka (ż)	['zniʃka]

não caro	niedrogi	[ned'rɔgi]
barato	tani	['tani]
caro	drogi	['drɔgi]
É caro	To dużo kosztuje	[tɔ 'duʒɔ kɔʃ'tue]

aluguer (m)	wypożyczalnia (ż)	[vipɔʒit'ʃaʎɲa]
alugar (vestidos, etc.)	wypożyczyć	[vipɔ'ʒiʧiʧ]
crédito (m)	kredyt (m)	['krɛdit]
a crédito	na kredyt	[na 'krɛdit]

VESTUÁRIO & ACESSÓRIOS

32. Roupa exterior. Casacos

roupa (f)	odzież (ż)	['ɔdʒeʃ]
roupa (f) exterior	wierzchnie okrycie (n)	['veʃhne ɔk'ritʃe]
roupa (f) de inverno	odzież (ż) zimowa	['ɔdʒeʒ ʒi'mɔva]
sobretudo (m)	palto (n)	['paʌtɔ]
casaco (m) de peles	futro (n)	['futrɔ]
casaco curto (m) de peles	futro (n) krótkie	['futrɔ 'krɔtkɛ]
casaco (m) acolchoado	kurtka (ż) puchowa	['kurtka pu'hɔva]
casaco, blusão (m)	kurtka (ż)	['kurtka]
impermeável (m)	płaszcz (m)	[pwaʃtʃ]
impermeável	nieprzemakalny	[nepʃɛma'kaʌni]

33. Vestuário de homem & mulher

camisa (f)	koszula (ż)	[kɔ'ʃuʌa]
calças (f pl)	spodnie (l.mn.)	['spɔdne]
calças (f pl) de ganga	dżinsy (l.mn.)	['dʒinsi]
casaco (m) de fato	marynarka (ż)	[mari'narka]
fato (m)	garnitur (m)	[gar'nitur]
vestido (ex. ~ vermelho)	sukienka (ż)	[su'keŋka]
saia (f)	spódnica (ż)	[spud'nitsa]
blusa (f)	bluzka (ż)	['blyska]
casaco (m) de malha	sweterek (m)	[sfɛ'tɛrɛk]
casaco, blazer (m)	żakiet (m)	['ʒaket]
T-shirt, camiseta (f)	koszulka (ż)	[kɔ'ʃuʌka]
calções (Bermudas, etc.)	spodenki (l.mn.)	[spɔ'dɛŋki]
fato (m) de treino	dres (m)	[drɛs]
roupão (m) de banho	szlafrok (m)	['ʃʌafrɔk]
pijama (m)	pidżama (ż)	[pi'dʒama]
suéter (m)	sweter (m)	['sfɛtɛr]
pulôver (m)	pulower (m)	[pu'lɔvɛr]
colete (m)	kamizelka (ż)	[kami'zɛʌka]
fraque (m)	frak (m)	[frak]
smoking (m)	smoking (m)	['smɔkiŋk]
uniforme (m)	uniform (m)	[u'nifɔrm]
roupa (f) de trabalho	ubranie (n) robocze	[ub'rane rɔ'bɔtʃɛ]
fato-macaco (m)	kombinezon (m)	[kɔmbi'nɛzɔn]
bata (~ branca, etc.)	kitel (m)	['kitɛʌ]

34. Vestuário. Roupa interior

roupa (f) interior	bielizna (ż)	[be'lizna]
camisola (f) interior	podkoszulek (m)	[pɔtkɔ'ʃulek]
peúgas (f pl)	skarpety (l.mn.)	[skar'pɛtɨ]
camisa (f) de noite	koszula (ż) nocna	[kɔ'ʃuʎa 'nɔtsna]
sutiã (m)	biustonosz (m)	[bys'tɔnɔʃ]
meias longas (f pl)	podkolanówki (l.mn.)	[pɔdkɔʎa'nufki]
meia-calça (f)	rajstopy (l.mn.)	[rajs'tɔpɨ]
meias (f pl)	pończochy (l.mn.)	[pɔŋt'ʃɔhɨ]
fato (m) de banho	kostium (m) kąpielowy	['kɔstʰjum kɔ̃pelɔvɨ]

35. Adereços de cabeça

chapéu (m)	czapka (ż)	['ʧapka]
chapéu (m) de feltro	kapelusz (m) fedora	[ka'pɛlyʃ fɛ'dɔra]
boné (m) de beisebol	bejsbolówka (ż)	[bɛjsbo'lyfka]
boné (m)	kaszkiet (m)	['kaʃket]
boina (f)	beret (m)	['bɛrɛt]
capuz (m)	kaptur (m)	['kaptur]
panamá (m)	panama (ż)	[pa'nama]
lenço (m)	chustka (ż)	['hustka]
chapéu (m) de mulher	kapelusik (m)	[kapɛ'lyɕik]
capacete (m) de proteção	kask (m)	[kask]
bibico (m)	furażerka (ż)	[fura'ʒɛrka]
capacete (m)	hełm (m)	[hɛwm]
chapéu-coco (m)	melonik (m)	[mɛ'lɔnik]
chapéu (m) alto	cylinder (m)	[tsi'lindɛr]

36. Calçado

calçado (m)	obuwie (n)	[ɔ'buve]
botinas (f pl)	buty (l.mn.)	['butɨ]
sapatos (de salto alto, etc.)	pantofle (l.mn.)	[pan'tɔfle]
botas (f pl)	kozaki (l.mn.)	[kɔ'zaki]
pantufas (f pl)	kapcie (l.mn.)	['kaptʃe]
ténis (m pl)	adidasy (l.mn.)	[adi'dasɨ]
sapatilhas (f pl)	tenisówki (l.mn.)	[tɛni'sufki]
sandálias (f pl)	sandały (l.mn.)	[san'dawɨ]
sapateiro (m)	szewc (m)	[ʃɛfts]
salto (m)	obcas (m)	['ɔbtsas]
par (m)	para (ż)	['para]
atacador (m)	sznurowadło (n)	[ʃnurɔ'vadwɔ]
apertar os atacadores	sznurować	[ʃnu'rɔvaʧ]

calçadeira (f)	łyżka (ż) do butów	['wiʒka dɔ 'butuf]
graxa (f) para calçado	pasta (ż) do butów	['pasta dɔ 'butuf]

37. Acessórios pessoais

luvas (f pl)	rękawiczki (l.mn.)	[rɛ̃ka'vitʃki]
mitenes (f pl)	rękawiczki (l.mn.)	[rɛ̃ka'vitʃki]
cachecol (m)	szalik (m)	['ʃalik]
óculos (m pl)	okulary (l.mn.)	[ɔku'ʎari]
armação (f) de óculos	oprawka (ż)	[ɔp'rafka]
guarda-chuva (m)	parasol (m)	[pa'rasɔʎ]
bengala (f)	laska (ż)	['ʎaska]
escova (f) para o cabelo	szczotka (ż) do włosów	['ʃtʃotka dɔ 'vwɔsuv]
leque (m)	wachlarz (m)	['vahʎaʃ]
gravata (f)	krawat (m)	['kravat]
gravata-borboleta (f)	muszka (ż)	['muʃka]
suspensórios (m pl)	szelki (l.mn.)	['ʃɛʎki]
lenço (m)	chusteczka (ż) do nosa	[hus'tɛtʃka dɔ 'nɔsa]
pente (m)	grzebień (m)	['gʒɛbeɲ]
travessão (m)	spinka (ż)	['spiŋka]
gancho (m) de cabelo	szpilka (ż)	['ʃpiʎka]
fivela (f)	sprzączka (ż)	['spʃɔ̃tʃka]
cinto (m)	pasek (m)	['pasɛk]
correia (f)	pasek (m)	['pasɛk]
mala (f)	torba (ż)	['tɔrba]
mala (f) de senhora	torebka (ż)	[tɔ'rɛpka]
mochila (f)	plecak (m)	['pletsak]

38. Vestuário. Diversos

moda (f)	moda (ż)	['mɔda]
na moda	modny	['mɔdni]
estilista (m)	projektant (m) mody	[prɔ'ektant 'mɔdi]
colarinho (m), gola (f)	kołnierz (m)	['kɔwneʃ]
bolso (m)	kieszeń (ż)	['keʃɛɲ]
de bolso	kieszonkowy	[keʃɔ'ŋkɔvi]
manga (f)	rękaw (m)	['rɛŋkaf]
alcinha (f)	wieszak (m)	['veʃak]
braguilha (f)	rozporek (m)	[rɔs'pɔrɛk]
fecho (m) de correr	zamek (m) błyskawiczny	['zamɛk bwiska'vitʃni]
fecho (m), colchete (m)	zapięcie (m)	[za'pɛ̃tʃe]
botão (m)	guzik (m)	['guʒik]
casa (f) de botão	dziurką (ż) na guzik	['dʒyrka na gu'ʒik]
soltar-se (vr)	urwać się	['urvatʃ ɕɛ̃]
coser, costurar (vi)	szyć	[ʃitʃ]

bordar (vt)	haftować	[haf'tɔvatʃ]
bordado (m)	haft (m)	[haft]
agulha (f)	igła (ż)	['igwa]
fio (m)	nitka (ż)	['nitka]
costura (f)	szew (m)	[ʃɛf]

sujar-se (vr)	wybrudzić się	[vib'ruʤitʃ ɕɛ̃]
mancha (f)	plama (ż)	['pʎama]
engelhar-se (vr)	zmiąć się	[zmɔ̃ʲtʃ ɕɛ̃]
rasgar (vt)	rozerwać	[rɔ'zɛrvatʃ]
traça (f)	mól (m)	[muʎ]

39. Cuidados pessoais. Cosméticos

pasta (f) de dentes	pasta (ż) do zębów	['pasta dɔ 'zɛ̃buf]
escova (f) de dentes	szczoteczka (ż) do zębów	[ʃtʃɔ'tɛtʃka dɔ 'zɛ̃buf]
escovar os dentes	myć zęby	[mitʃ 'zɛ̃bi]

máquina (f) de barbear	maszynka (ż) do golenia	[ma'ʃiŋka dɔ gɔ'leɲa]
creme (m) de barbear	krem (m) do golenia	[krɛm dɔ gɔ'leɲa]
barbear-se (vr)	golić się	['gɔlitʃ ɕɛ̃]

| sabonete (m) | mydło (n) | ['midwɔ] |
| champô (m) | szampon (m) | ['ʃampɔn] |

tesoura (f)	nożyczki (l.mn.)	[nɔ'ʒitʃki]
lima (f) de unhas	pilnik (m) do paznokci	['piʎnik dɔ paz'nɔktʃi]
corta-unhas (m)	cążki (l.mn.) do paznokci	['tsɔ̃ʃki dɔ paz'nɔktʃi]
pinça (f)	pinceta (ż)	[pin'tsɛta]

cosméticos (m pl)	kosmetyki (l.mn.)	[kɔs'mɛtiki]
máscara (f) facial	maseczka (ż)	[ma'sɛtʃka]
manicura (f)	manikiur (m)	[ma'nikyr]
fazer a manicura	robić manikiur	['rɔbitʃ ma'nikyr]
pedicure (f)	pedikiur (m)	[pɛ'dikyr]

mala (f) de maquilhagem	kosmetyczka (ż)	[kɔsmɛ'titʃka]
pó (m)	puder (m)	['pudɛr]
caixa (f) de pó	puderniczka (ż)	[pudɛr'nitʃka]
blush (m)	róż (m)	[ruʃ]

perfume (m)	perfumy (l.mn.)	[pɛr'fumi]
água (f) de toilette	woda (ż) toaletowa	['vɔda tɔale'tɔva]
loção (f)	płyn (m) kosmetyczny	[pwin kɔsmɛ'titʃni]
água-de-colónia (f)	woda (ż) kolońska	['vɔda kɔ'lɔɲska]

sombra (f) de olhos	cienie (l.mn.) do powiek	['tʃene dɔ 'pɔvek]
lápis (m) delineador	kredka (ż) do oczu	['krɛtka dɔ 'ɔtʃu]
máscara (f), rímel (m)	tusz (m) do rzęs	[tuʃ dɔ ʒɛs]

batom (m)	szminka (ż)	['ʃmiŋka]
verniz (m) de unhas	lakier (m) do paznokci	['ʎaker dɔ paz'nɔktʃi]
laca (f) para cabelos	lakier (m) do włosów	['ʎaker dɔ 'vwɔsuv]
desodorizante (m)	dezodorant (m)	[dɛzɔ'dɔrant]

creme (m)	krem (m)	[krɛm]
creme (m) de rosto	krem (m) do twarzy	[krɛm dɔ 'tfaʒi]
creme (m) de mãos	krem (m) do rąk	[krɛm dɔ rɔ̃k]
de dia	na dzień	['na dʑeɲ]
da noite	nocny	['nɔtsni]

tampão (m)	tampon (m)	['tampɔn]
papel (m) higiénico	papier (m) toaletowy	['paper tɔale'tɔvi]
secador (m) elétrico	suszarka (ż) do włosów	[su'ʃarka dɔ 'vwɔsuv]

40. Relógios de pulso. Relógios

relógio (m) de pulso	zegarek (m)	[zɛ'garɛk]
mostrador (m)	tarcza (ż) zegarowa	['tartʃa zɛga'rɔva]
ponteiro (m)	wskazówka (ż)	[fska'zɔfka]
bracelete (f) em aço	bransoleta (ż)	[bransɔ'leta]
bracelete (f) em couro	pasek (m)	['pasɛk]

pilha (f)	bateria (ż)	[ba'tɛrʲa]
descarregar-se	wyczerpać się	[vit'ʃɛrpatʃ ɕɛ̃]
trocar a pilha	wymienić baterię	[vi'menitʃ ba'tɛrʲɛ̃]
estar adiantado	śpieszyć się	['ɕpeʃitʃ ɕɛ̃]
estar atrasado	spóźnić się	['spuʑnitʃ ɕɛ̃]

relógio (m) de parede	zegar (m) ścienny	['zɛgar 'ɕtʃeɲi]
ampulheta (f)	klepsydra (ż)	[klɛp'sidra]
relógio (m) de sol	zegar (m) słoneczny	['zɛgar swɔ'nɛtʃni]
despertador (m)	budzik (m)	['budʑik]
relojoeiro (m)	zegarmistrz (m)	[zɛ'garmistʃ]
reparar (vt)	naprawiać	[nap'ravʲatʃ]

EXPERIÊNCIA DO QUOTIDIANO

41. Dinheiro

dinheiro (m)	pieniądze (l.mn.)	[penɔ̃dzɛ]
câmbio (m)	wymiana (ż)	[vi'mʲana]
taxa (f) de câmbio	kurs (m)	[kurs]
Caixa Multibanco (m)	bankomat (m)	[ba'ŋkɔmat]
moeda (f)	moneta (ż)	[mɔ'nɛta]
dólar (m)	dolar (m)	['dɔʎar]
euro (m)	euro (m)	['ɛurɔ]
lira (f)	lir (m)	[lir]
marco (m)	marka (ż)	['marka]
franco (m)	frank (m)	[fraŋk]
libra (f) esterlina	funt szterling (m)	[funt 'ʃtɛrliŋk]
iene (m)	jen (m)	[en]
dívida (f)	dług (m)	[dwuk]
devedor (m)	dłużnik (m)	['dwuʒnik]
emprestar (vt)	pożyczyć	[pɔ'ʒitʃitʃ]
pedir emprestado	pożyczyć od ...	[pɔ'ʒitʃitʃ ɔt]
banco (m)	bank (m)	[baŋk]
conta (f)	konto (n)	['kɔntɔ]
depositar na conta	wpłacić na konto	['vpwatʃitʃ na 'kɔntɔ]
levantar (vt)	podjąć z konta	['pɔdʰɔ̃tʃ s 'kɔnta]
cartão (m) de crédito	karta (ż) kredytowa	['karta krɛdi'tɔva]
dinheiro (m) vivo	gotówka (ż)	[gɔ'tufka]
cheque (m)	czek (m)	[tʃɛk]
passar um cheque	wystawić czek	[vis'tavitʃ tʃɛk]
livro (m) de cheques	książeczka (ż) czekowa	[kɕɔ̃'ʒɛtʃka tʃɛ'kɔva]
carteira (f)	portfel (m)	['pɔrtfɛʎ]
porta-moedas (m)	portmonetka (ż)	[pɔrtmɔ'nɛtka]
cofre (m)	sejf (m)	[sɛjf]
herdeiro (m)	spadkobierca (m)	[spatkɔ'bertsa]
herança (f)	spadek (m)	['spadɛk]
fortuna (riqueza)	majątek (m)	[maɔ̃tɛk]
arrendamento (m)	dzierżawa (ż)	[dʑer'ʒava]
renda (f) de casa	czynsz (m)	[tʃinʃ]
alugar (vt)	wynajmować	[vinaj'mɔvatʃ]
preço (m)	cena (ż)	['tsɛna]
custo (m)	wartość (ż)	['vartɔɕtʃ]
soma (f)	suma (ż)	['suma]

gastar (vt)	wydawać	[vɨˈdavaʧ]
gastos (m pl)	wydatki (l.mn.)	[vɨˈdatki]
economizar (vi)	oszczędzać	[ɔʃˈʧɛndzaʧ]
económico	ekonomiczny	[ɛkɔnɔˈmiʧnɨ]

pagar (vt)	płacić	[ˈpwaʧiʧ]
pagamento (m)	opłata (ż)	[ɔpˈwata]
troco (m)	reszta (ż)	[ˈrɛʃta]

imposto (m)	podatek (m)	[pɔˈdatɛk]
multa (f)	kara (ż)	[ˈkara]
multar (vt)	karać grzywną	[ˈkaraʧ ˈgʒivnɔ̃]

42. Correios. Serviço postal

correios (m pl)	poczta (ż)	[ˈpɔʧta]
correio (m)	poczta (ż)	[ˈpɔʧta]
carteiro (m)	listonosz (m)	[lisˈtɔnɔʃ]
horário (m)	godziny (l.mn.) pracy	[gɔˈdʑinɨ ˈpratsɨ]

carta (f)	list (m)	[list]
carta (f) registada	list (m) polecony	[list pɔleˈtsɔni]
postal (m)	pocztówka (ż)	[pɔʧˈtufka]
telegrama (m)	telegram (m)	[tɛˈlegram]
encomenda (f) postal	paczka (ż)	[ˈpaʧka]
remessa (f) de dinheiro	przekaz (m) pieniężny	[ˈpʃɛkas pɛˈnenʒnɨ]

receber (vt)	odebrać	[ɔˈdɛbraʧ]
enviar (vt)	wysłać	[ˈvɨswaʧ]
envio (m)	wysłanie (n)	[vɨsˈwane]

endereço (m)	adres (m)	[ˈadrɛs]
código (m) postal	kod (m) pocztowy	[kɔt pɔʧˈtɔvi]
remetente (m)	nadawca (m)	[naˈdaftsa]
destinatário (m)	odbiorca (m)	[ɔdˈbɔrtsa]
nome (m)	imię (n)	[ˈimɛ̃]
apelido (m)	nazwisko (n)	[nazˈviskɔ]

tarifa (f)	taryfa (ż)	[taˈrifa]
ordinário	zwykła	[ˈzvɨkwa]
económico	oszczędna	[ɔʃˈʧɛndna]

peso (m)	ciężar (m)	[ˈʧenʒar]
pesar (estabelecer o peso)	ważyć	[ˈvaʒiʧ]
envelope (m)	koperta (ż)	[kɔˈpɛrta]
selo (m)	znaczek (m)	[ˈznaʧɛk]
colar o selo	naklejać znaczek	[nakˈlejaʧ ˈznaʧɛk]

43. Banca

| banco (m) | bank (m) | [baŋk] |
| sucursal, balcão (f) | filia (ż) | [ˈfiʎja] |

consultor (m)	konsultant (m)	[kɔn'suʎtant]
gerente (m)	kierownik (m)	[ke'rɔvnik]

conta (f)	konto (n)	['kɔntɔ]
número (m) da conta	numer (m) konta	['numɛr 'kɔnta]
conta (f) corrente	rachunek (m) bieżący	[ra'hunɛk be'ʒɔ̃tɕi]
conta (f) poupança	rachunek (m) oszczędnościowy	[ra'hunɛk ɔʃtɕɛdnɔɕ'tɕɔvi]

abrir uma conta	założyć konto	[za'wɔʒitɕ 'kɔntɔ]
fechar uma conta	zamknąć konto	['zamknɔɲtɕ 'kɔ̃tɔ]
depositar na conta	wpłacić na konto	['vpwatɕitɕ na 'kɔntɔ]
levantar (vt)	podjąć z konta	['pɔdⁿɔ̃tɕ s 'kɔnta]

depósito (m)	wkład (m)	[fkwat]
fazer um depósito	dokonać wpłaty	[dɔ'kɔnatɕ 'fpwati]
transferência (f) bancária	przelew (m)	['pʃɛlev]
transferir (vt)	dokonać przelewu	[dɔ'kɔnatɕ pʃɛ'levu]

soma (f)	suma (ż)	['suma]
Quanto?	Ile?	['ile]

assinatura (f)	podpis (m)	['pɔdpis]
assinar (vt)	podpisać	[pɔd'pisatɕ]

cartão (m) de crédito	karta (ż) kredytowa	['karta krɛdi'tɔva]
código (m)	kod (m)	[kɔd]
número (m) do cartão de crédito	numer (m) karty kredytowej	['numɛr 'karti krɛdi'tɔvɛj]
Caixa Multibanco (m)	bankomat (m)	[ba'ŋkɔmat]

cheque (m)	czek (m)	[tɕɛk]
passar um cheque	wystawić czek	[vis'tavitɕ tɕɛk]
livro (m) de cheques	książeczka (ż) czekowa	[kɕɔ̃'ʒɛtɕka tɕɛ'kɔva]

empréstimo (m)	kredyt (m)	['krɛdit]
pedir um empréstimo	wystąpić o kredyt	[vis'tɔ̃pitɕ ɔ 'krɛdit]
obter um empréstimo	brać kredyt	[bratɕ 'krɛdit]
conceder um empréstimo	udzielać kredytu	[u'dʑeʎatɕ krɛ'ditu]
garantia (f)	gwarancja (ż)	[gva'rantsʰja]

44. Telefone. Conversação telefónica

telefone (m)	telefon (m)	[tɛ'lefɔn]
telemóvel (m)	telefon (m) komórkowy	[tɛ'lefɔn kɔmur'kɔvi]
secretária (f) electrónica	sekretarka (ż)	[sɛkrɛ'tarka]

fazer uma chamada	dzwonić	['dzvɔnitɕ]
chamada (f)	telefon (m)	[tɛ'lefɔn]

marcar um número	wybrać numer	['vibratɕ 'numɛr]
Alô!	Halo!	['halɔ]
perguntar (vt)	zapytać	[za'pitatɕ]
responder (vt)	odpowiedzieć	[ɔtpɔ'vedʑetɕ]

ouvir (vt)	słyszeć	['swiʃɛʧ]
bem	dobrze	['dɔbʒɛ]
mal	źle	[zˈle]
ruído (m)	zakłócenia (l.mn.)	[zakwu'tsɛɲa]

auscultador (m)	słuchawka (ż)	[swu'hafka]
pegar o telefone	podnieść słuchawkę	['pɔdnɛʧ swu'hafkɛ̃]
desligar (vi)	odłożyć słuchawkę	[ɔd'wɔʒiʧ swu'hafkɛ̃]

ocupado	zajęty	[za'enti]
tocar (vi)	dzwonić	['dzvɔniʧ]
lista (f) telefónica	książka (ż) telefoniczna	[kɕɔ̃ʃka tɛlefɔ'niʧna]

local	miejscowy	[mejs'tsɔvi]
de longa distância	międzymiastowy	[mɛ̃dzim'as'tɔvi]
internacional	międzynarodowy	[mɛ̃dzinarɔ'dɔvi]

45. Telefone móvel

telemóvel (m)	telefon (m) komórkowy	[tɛ'lefɔn kɔmur'kɔvi]
ecrã (m)	wyświetlacz (m)	[viɕ'fetʎaʧ]
botão (m)	klawisz (m)	['kʎaviʃ]
cartão SIM (m)	karta (ż) SIM	['karta sim]

bateria (f)	bateria (ż)	[ba'tɛrʲja]
descarregar-se	rozładować się	[rɔzwa'dɔvaʧ ɕɛ̃]
carregador (m)	ładowarka (ż)	[wadɔ'varka]

menu (m)	menu (n)	['menu]
definições (f pl)	ustawienia (l.mn.)	[usta'veɲa]
melodia (f)	melodia (ż)	[mɛ'lɔdʲja]
escolher (vt)	wybrać	['vibraʧ]

calculadora (f)	kalkulator (m)	[kaʎku'ʎatɔr]
correio (m) de voz	sekretarka (ż)	[sɛkrɛ'tarka]
despertador (m)	budzik (m)	['budʑik]
contatos (m pl)	kontakty (l.mn.)	[kɔn'takti]

| mensagem (f) de texto | SMS (m) | [ɛs ɛm ɛs] |
| assinante (m) | abonent (m) | [a'bɔnɛnt] |

46. Estacionário

| caneta (f) | długopis (m) | [dwu'gɔpis] |
| caneta (f) tinteiro | pióro (n) | ['pyrɔ] |

lápis (m)	ołówek (m)	[ɔ'wuvɛk]
marcador (m)	marker (m)	['markɛr]
caneta (f) de feltro	flamaster (m)	[fʎa'mastɛr]

| bloco (m) de notas | notes (m) | ['nɔtɛs] |
| agenda (f) | kalendarz (m) | [ka'lendaʃ] |

régua (f)	linijka (ż)	[li'nijka]
calculadora (f)	kalkulator (m)	[kaʎku'ʎatɔr]
borracha (f)	gumka (ż)	['gumka]
pionés (m)	pinezka (ż)	[pi'nɛska]
clipe (m)	spinacz (m)	['spinatʃ]

cola (f)	klej (m)	[klej]
agrafador (m)	zszywacz (m)	['sʃivatʃ]
furador (m)	dziurkacz (m)	['dʒyrkatʃ]
afia-lápis (m)	temperówka (ż)	[tɛmpɛ'rufka]

47. Línguas estrangeiras

língua (f)	język (m)	['enzɨk]
língua (f) estrangeira	obcy język (m)	['ɔbtsɨ 'enzɨk]
estudar (vt)	studiować	[studʰɔvatʃ]
aprender (vt)	uczyć się	['utʃitʃ ɕɛ̃]

ler (vt)	czytać	['tʃitatʃ]
falar (vi)	mówić	['muvitʃ]
compreender (vt)	rozumieć	[rɔ'zumetʃ]
escrever (vt)	pisać	['pisatʃ]

rapidamente	szybko	['ʃipkɔ]
devagar	wolno	['vɔʎnɔ]
fluentemente	swobodnie	[sfɔ'bɔdne]

regras (f pl)	reguły (l.mn.)	[rɛ'guwi]
gramática (f)	gramatyka (ż)	[gra'matika]
vocabulário (m)	słownictwo (n)	[swɔv'nitstfɔ]
fonética (f)	fonetyka (ż)	[fɔ'nɛtika]

manual (m) escolar	podręcznik (m)	[pɔd'rɛntʃnik]
dicionário (m)	słownik (m)	['swɔvnik]
manual (m) de autoaprendizagem	samouczek (m)	[samɔ'utʃɛk]
guia (m) de conversação	rozmówki (l.mn.)	[rɔz'mufki]

cassete (f)	kaseta (ż)	[ka'sɛta]
vídeo cassete (m)	kaseta (ż) wideo	[ka'sɛta vi'dɛɔ]
CD (m)	płyta CD (ż)	['pwita si'di]
DVD (m)	płyta DVD (ż)	['pwita divi'di]

alfabeto (m)	alfabet (m)	[aʎ'fabɛt]
soletrar (vt)	przeliterować	[pʃɛlite'rɔvatʃ]
pronúncia (f)	wymowa (ż)	[vi'mɔva]

sotaque (m)	akcent (m)	['aktsɛnt]
com sotaque	z akcentem	[z ak'tsɛntɛm]
sem sotaque	bez akcentu	[bɛz ak'tsɛntu]

palavra (f)	wyraz (m), słowo (n)	['viras], ['svɔvɔ]
sentido (m)	znaczenie (n)	[zna'tʃɛnie]
cursos (m pl)	kurs (m)	[kurs]

inscrever-se (vr)   **zapisać się**   [za'pisatʃ ɕɛ̃]
professor (m)   **wykładowca** (m)   [vɨkwa'dɔftsa]

tradução (processo)   **tłumaczenie** (n)   [twumat'ʃɛne]
tradução (texto)   **przekład** (m)   ['pʃɛkwat]
tradutor (m)   **tłumacz** (m)   ['twumatʃ]
intérprete (m)   **tłumacz** (m)   ['twumatʃ]

poliglota (m)   **poliglota** (m)   [pɔlig'lɔta]
memória (f)   **pamięć** (ż)   ['pamɛ̃tʃ]

REFEIÇÕES. RESTAURANTE

48. Por a mesa

colher (f)	łyżka (ż)	['wiʃka]
faca (f)	nóż (m)	[nuʃ]
garfo (m)	widelec (m)	[vi'dɛlets]
chávena (f)	filiżanka (ż)	[fili'ʒaŋka]
prato (m)	talerz (m)	['taleʃ]
pires (m)	spodek (m)	['spɔdɛk]
guardanapo (m)	serwetka (ż)	[sɛr'vɛtka]
palito (m)	wykałaczka (ż)	[vika'watʃka]

49. Restaurante

restaurante (m)	restauracja (ż)	[rɛstau'ratsʰja]
café (m)	kawiarnia (ż)	[ka'vʲarɲa]
bar (m), cervejaria (f)	bar (m)	[bar]
salão (m) de chá	herbaciarnia (ż)	[hɛrba'tʃarɲa]
empregado (m) de mesa	kelner (m)	['kɛʎnɛr]
empregada (f) de mesa	kelnerka (ż)	[kɛʎ'nɛrka]
barman (m)	barman (m)	['barman]
ementa (f)	menu (n)	['menu]
lista (f) de vinhos	karta (ż) win	['karta vin]
reservar uma mesa	zarezerwować stolik	[zarɛzɛrvɔvatʃ 'stɔlik]
prato (m)	danie (n)	['dane]
pedir (vt)	zamówić	[za'muvitʃ]
fazer o pedido	zamówić	[za'muvitʃ]
aperitivo (m)	aperitif (m)	[apɛri'tif]
entrada (f)	przystawka (ż)	[pʃis'tafka]
sobremesa (f)	deser (m)	['dɛsɛr]
conta (f)	rachunek (m)	[ra'hunɛk]
pagar a conta	zapłacić rachunek	[zap'watʃitʃ ra'hunɛk]
dar o troco	wydać resztę	['vidatʃ 'rɛʃtɛ̃]
gorjeta (f)	napiwek (m)	[na'pivɛk]

50. Refeições

comida (f)	jedzenie (n)	[e'dzɛne]
comer (vt)	jeść	[eɕtʃ]

pequeno-almoço (m)	śniadanie (n)	[ɕɲa'dane]
tomar o pequeno-almoço	jeść śniadanie	[eɕtʃ ɕɲa'dane]
almoço (m)	obiad (m)	['ɔbʲat]
almoçar (vi)	jeść obiad	[eɕtʃ 'ɔbʲat]
jantar (m)	kolacja (ż)	[kɔ'ʎatsʰja]
jantar (vi)	jeść kolację	[eɕtʃ kɔ'ʎatsʰɛ̃]

| apetite (m) | apetyt (m) | [a'pɛtit] |
| Bom apetite! | Smacznego! | [smatʃ'nɛgɔ] |

abrir (~ uma lata, etc.)	otwierać	[ɔt'feratʃ]
derramar (vt)	rozlać	['rɔzʎatʃ]
derramar-se (vr)	rozlać się	['rɔzʎatʃ ɕɛ̃]

ferver (vi)	gotować się	[gɔ'tɔvatʃ ɕɛ̃]
ferver (vt)	gotować	[gɔ'tɔvatʃ]
fervido	gotowany	[gɔtɔ'vani]
arrefecer (vt)	ostudzić	[ɔs'tudʑitʃ]
arrefecer-se (vr)	stygnąć	['stignɔ̃tʃ]

| sabor, gosto (m) | smak (m) | [smak] |
| gostinho (m) | posmak (m) | ['pɔsmak] |

fazer dieta	odchudzać się	[ɔd'hudzatʃ ɕɛ̃]
dieta (f)	dieta (ż)	['dʰeta]
vitamina (f)	witamina (ż)	[vita'mina]
caloria (f)	kaloria (ż)	[ka'lɔrja]
vegetariano (m)	wegetarianin (m)	[vɛgɛtarʰ'janin]
vegetariano	wegetariański	[vɛgɛtarʰ'jaɲski]

gorduras (f pl)	tłuszcze (l.mn.)	['twuʃtʃɛ]
proteínas (f pl)	białka (l.mn.)	['bʲawka]
carboidratos (m pl)	węglowodany (l.mn.)	[vɛnɛ̃zvɔ'dani]
fatia (~ de limão, etc.)	plasterek (m)	[pʎas'tɛrɛk]
pedaço (~ de bolo)	kawałek (m)	[ka'vawɛk]
migalha (f)	okruchek (m)	[ɔk'ruhɛk]

51. Pratos cozinhados

prato (m)	danie (n)	['dane]
cozinha (~ portuguesa)	kuchnia (ż)	['kuhɲa]
receita (f)	przepis (m)	['pʃɛpis]
porção (f)	porcja (ż)	['pɔrtsʰja]

| salada (f) | sałatka (ż) | [sa'watka] |
| sopa (f) | zupa (ż) | ['zupa] |

caldo (m)	rosół (m)	['rɔsuw]
sandes (f)	kanapka (ż)	[ka'napka]
ovos (m pl) estrelados	jajecznica (ż)	[jaetʃ'nitsa]

hambúrguer (m)	hamburger (m)	[ham'burgɛr]
bife (m)	befsztyk (m)	['bɛfʃtik]
conduto (m)	dodatki (l.mn.)	[dɔ'datki]

espaguete (m)	spaghetti (n)	[spa'gɛtti]
pizza (f)	pizza (ż)	['piłsa]
papa (f)	kasza (ż)	['kaʃa]
omelete (f)	omlet (m)	['ɔmlɛt]

cozido em água	gotowany	[gotɔ'vanɨ]
fumado	wędzony	[vɛ̃'dzɔnɨ]
frito	smażony	[sma'ʒɔnɨ]
seco	suszony	[su'ʃɔnɨ]
congelado	mrożony	[mrɔ'ʒɔnɨ]
em conserva	marynowany	[marinɔ'vanɨ]

doce (açucarado)	słodki	['swɔtki]
salgado	słony	['swɔnɨ]
frio	zimny	['ʒimnɨ]
quente	gorący	[gɔ'rɔ̃tsi]
amargo	gorzki	['gɔʃki]
gostoso	smaczny	['smatʃnɨ]

cozinhar (em água a ferver)	gotować	[gɔ'tɔvatʃ]
fazer, preparar (vt)	gotować	[gɔ'tɔvatʃ]
fritar (vt)	smażyć	['smaʒitʃ]
aquecer (vt)	odgrzewać	[ɔdg'ʒɛvatʃ]

salgar (vt)	solić	['sɔlitʃ]
apimentar (vt)	pieprzyć	['pepʃitʃ]
ralar (vt)	trzeć	[tʃɛtʃ]
casca (f)	skórka (ż)	['skurka]
descascar (vt)	obierać	[ɔ'beratʃ]

52. Comida

carne (f)	mięso (n)	['mensɔ]
galinha (f)	kurczak (m)	['kurtʃak]
frango (m)	kurczak (m)	['kurtʃak]
pato (m)	kaczka (ż)	['katʃka]
ganso (m)	gęś (ż)	[gɛ̃ɕ]
caça (f)	dziczyzna (ż)	[dʒit'ʃizna]
peru (m)	indyk (m)	['indɨk]

carne (f) de porco	wieprzowina (ż)	[vepʃɔ'vina]
carne (f) de vitela	cielęcina (ż)	[tʃelɛ̃'tʃina]
carne (f) de carneiro	baranina (ż)	[bara'nina]
carne (f) de vaca	wołowina (ż)	[vɔwɔ'vina]
carne (f) de coelho	królik (m)	['krulik]

chouriço, salsichão (m)	kiełbasa (ż)	[kew'basa]
salsicha (f)	parówka (ż)	[pa'rufka]
bacon (m)	boczek (m)	['bɔtʃɛk]
fiambre (f)	szynka (ż)	['ʃɨŋka]
presunto (m)	szynka (ż)	['ʃɨŋka]

| patê (m) | pasztet (m) | ['paʃtɛt] |
| fígado (m) | wątróbka (ż) | [vɔ̃t'rupka] |

| carne (f) moída | farsz (m) | [farʃ] |
| língua (f) | ozór (m) | ['ɔzur] |

ovo (m)	jajko (n)	['jajkɔ]
ovos (m pl)	jajka (l.mn.)	['jajka]
clara (f) do ovo	białko (n)	['bʲawkɔ]
gema (f) do ovo	żółtko (n)	['ʒuwtkɔ]

peixe (m)	ryba (ż)	['riba]
mariscos (m pl)	owoce (l.mn.) morza	[ɔ'vɔtsɛ 'mɔʒa]
caviar (m)	kawior (m)	['kavɜr]

caranguejo (m)	krab (m)	[krap]
camarão (m)	krewetka (ż)	[krɛ'vɛtka]
ostra (f)	ostryga (ż)	[ɔst'riga]
lagosta (f)	langusta (ż)	[ʎa'ŋusta]
polvo (m)	ośmiornica (ż)	[ɔɕmɜr'nitsa]
lula (f)	kałamarnica (ż)	[kawamar'nitsa]

esturjão (m)	mięso (n) jesiotra	['mensɔ e'ɕatra]
salmão (m)	łosoś (m)	['wɔsɔɕ]
halibute (m)	halibut (m)	[ha'libut]

bacalhau (m)	dorsz (m)	[dɔrʃ]
cavala, sarda (f)	makrela (ż)	[mak'rɛla]
atum (m)	tuńczyk (m)	['tuɲtʃik]
enguia (f)	węgorz (m)	['vɛŋɔʃ]

truta (f)	pstrąg (m)	[pstrɔ̃k]
sardinha (f)	sardynka (ż)	[sar'diŋka]
lúcio (m)	szczupak (m)	['ʃtʃupak]
arenque (m)	śledź (m)	[ɕletʃ]

pão (m)	chleb (m)	[hlep]
queijo (m)	ser (m)	[sɛr]
açúcar (m)	cukier (m)	['tsuker]
sal (m)	sól (ż)	[suʎ]

arroz (m)	ryż (m)	[riʃ]
massas (f pl)	makaron (m)	[ma'karɔn]
talharim (m)	makaron (m)	[ma'karɔn]

manteiga (f)	masło (n) śmietankowe	['maswɔ ɕmeta'ŋkɔvɛ]
óleo (m) vegetal	olej (m) roślinny	['ɔlej rɔɕliɲi]
óleo (m) de girassol	olej (m) słonecznikowy	['ɔlej swɔnɛtʃnikɔvi]
margarina (f)	margaryna (ż)	[marga'rina]

| azeitonas (f pl) | oliwki (ż, l.mn.) | [ɔ'lifki] |
| azeite (m) | olej (m) oliwkowy | ['ɔlej ɔlif'kɔvi] |

leite (m)	mleko (n)	['mlekɔ]
leite (m) condensado	mleko (n) skondensowane	['mlekɔ skɔndɛnsɔ'vanɛ]
iogurte (m)	jogurt (m)	[ʒgurt]
nata (f) azeda	śmietana (ż)	[ɕme'tana]
nata (f) do leite	śmietanka (ż)	[ɕme'taŋka]
maionese (f)	majonez (m)	[maʒnɛs]

creme (m)	krem (m)	[krɛm]
grãos (m pl) de cereais	kasza (ż)	['kaʃa]
farinha (f)	mąka (ż)	['mõka]
enlatados (m pl)	konserwy (l.mn.)	[kɔn'sɛrvi]

flocos (m pl) de milho	płatki (l.mn.) kukurydziane	['pwatki kukuri'dʒʲanɛ]
mel (m)	miód (m)	[myt]
doce (m)	dżem (m)	[dʒɛm]
pastilha (f) elástica	guma (ż) do żucia	['guma dɔ 'ʒutʃʲa]

53. Bebidas

água (f)	woda (ż)	['vɔda]
água (f) potável	woda (ż) pitna	['vɔda 'pitna]
água (f) mineral	woda (ż) mineralna	['vɔda minɛ'raʎna]

sem gás	niegazowana	[nega'zɔvana]
gaseificada	gazowana	[ga'zɔvana]
com gás	gazowana	[ga'zɔvana]
gelo (m)	lód (m)	[lyt]
com gelo	z lodem	[z 'lɔdɛm]

sem álcool	bezalkoholowy	[bɛzaʎkɔhɔ'lɔvi]
bebida (f) sem álcool	napój (m) bezalkoholowy	['napuj bɛzalkɔhɔ'lɔvi]
refresco (m)	napój (m) orzeźwiający	['napuj ɔʒɛzʲvjaõtɕi]
limonada (f)	lemoniada (ż)	[lemɔ'ɲjada]

bebidas (f pl) alcoólicas	napoje (l.mn.) alkoholowe	[na'pɔe aʎkɔhɔ'lɔvɛ]
vinho (m)	wino (n)	['vinɔ]
vinho (m) branco	białe wino (n)	['bʲawɛ 'vinɔ]
vinho (m) tinto	czerwone wino (n)	[tʃɛr'vɔnɛ 'vinɔ]

licor (m)	likier (m)	['liker]
champanhe (m)	szampan (m)	['ʃampan]
vermute (m)	wermut (m)	['vɛrmut]

uísque (m)	whisky (ż)	[u'iski]
vodka (f)	wódka (ż)	['vutka]
gim (m)	dżin (m), gin (m)	[dʒin]
conhaque (m)	koniak (m)	['kɔɲjak]
rum (m)	rum (m)	[rum]

café (m)	kawa (ż)	['kava]
café (m) puro	czarna kawa (ż)	['tʃarna 'kava]
café (m) com leite	kawa (ż) z mlekiem	['kava z 'mlekem]
cappuccino (m)	cappuccino (n)	[kapu'tʃinɔ]
café (m) solúvel	kawa (ż) rozpuszczalna	['kava rɔspuʃtʃ'ʃaʎna]

leite (m)	mleko (n)	['mlekɔ]
coquetel (m)	koktajl (m)	['kɔktajʎ]
batido (m) de leite	koktajl (m) mleczny	['kɔktajʎ 'mletʃni]

sumo (m)	sok (m)	[sɔk]
sumo (m) de tomate	sok (m) pomidorowy	[sɔk pɔmidɔ'rɔvi]

| sumo (m) de laranja | sok (m) pomarańczowy | [sɔk pɔmaraɲt'ʃɔvi] |
| sumo (m) fresco | sok (m) ze świeżych owoców | [sɔk zɛ 'ɕfeʒih ɔ'vɔtsuf] |

cerveja (f)	piwo (n)	['pivɔ]
cerveja (f) clara	piwo (n) jasne	[pivɔ 'jasnɛ]
cerveja (f) preta	piwo (n) ciemne	[pivɔ 'tɕemnɛ]

chá (m)	herbata (ż)	[hɛr'bata]
chá (m) preto	czarna herbata (ż)	['tʃarna hɛr'bata]
chá (m) verde	zielona herbata (ż)	[ʒe'lɔna hɛr'bata]

54. Vegetais

| legumes (m pl) | warzywa (l.mn.) | [va'ʒiva] |
| verduras (f pl) | włoszczyzna (ż) | [vwɔʃt'ʃizna] |

tomate (m)	pomidor (m)	[pɔ'midɔr]
pepino (m)	ogórek (m)	[ɔ'gurɛk]
cenoura (f)	marchew (ż)	['marhɛf]
batata (f)	ziemniak (m)	[ʒem'ɲak]
cebola (f)	cebula (ż)	[tsɛ'buʎa]
alho (m)	czosnek (m)	['tʃɔsnɛk]

| couve (f) | kapusta (ż) | [ka'pusta] |
| couve-flor (f) | kalafior (m) | [ka'ʎafɔr] |

| couve-de-bruxelas (f) | brukselka (ż) | [bruk'sɛʎka] |
| brócolos (m pl) | brokuły (l.mn.) | [brɔ'kuvi] |

beterraba (f)	burak (m)	['burak]
beringela (f)	bakłażan (m)	[bak'waʒan]
curgete (f)	kabaczek (m)	[ka'batʃɛk]

| abóbora (f) | dynia (ż) | ['diɲa] |
| nabo (m) | rzepa (ż) | ['ʒɛpa] |

salsa (f)	pietruszka (ż)	[pet'ruʃka]
funcho, endro (m)	koperek (m)	[kɔ'pɛrɛk]
alface (f)	sałata (ż)	[sa'wata]
aipo (m)	seler (m)	['sɛler]

| espargo (m) | szparagi (l.mn.) | [ʃpa'ragi] |
| espinafre (m) | szpinak (m) | ['ʃpinak] |

| ervilha (f) | groch (m) | [grɔh] |
| fava (f) | bób (m) | [bup] |

| milho (m) | kukurydza (ż) | [kuku'ridza] |
| feijão (m) | fasola (ż) | [fa'sɔʎa] |

pimentão (m)	słodka papryka (ż)	['swɔdka pap'rika]
rabanete (m)	rzodkiewka (ż)	[ʒɔt'kefka]
alcachofra (f)	karczoch (m)	['kartʃɔh]

59

55. Frutos. Nozes

fruta (f)	owoc (m)	['ɔvɔts]
maçã (f)	jabłko (n)	['jabkɔ]
pera (f)	gruszka (ż)	['gruʃka]
limão (m)	cytryna (ż)	[tsit'rina]
laranja (f)	pomarańcza (ż)	[pɔma'raɲtʃa]
morango (m)	truskawka (ż)	[trus'kafka]

tangerina (f)	mandarynka (ż)	[manda'riŋka]
ameixa (f)	śliwka (ż)	['ɕlifka]
pêssego (m)	brzoskwinia (ż)	[bʒɔsk'fiɲa]
damasco (m)	morela (ż)	[mɔ'rɛʎa]
framboesa (f)	malina (ż)	[ma'lina]
ananás (m)	ananas (m)	[a'nanas]

banana (f)	banan (m)	['banan]
melancia (f)	arbuz (m)	['arbus]
uva (f)	winogrona (l.mn.)	[vinɔg'rɔna]
ginja (f)	wiśnia (ż)	['viɕɲa]
cereja (f)	czereśnia (ż)	[tʃɛ'rɛɕɲa]
meloa (f)	melon (m)	['mɛlɜn]

toranja (f)	grejpfrut (m)	['grɛjpfrut]
abacate (m)	awokado (n)	[avɔ'kadɔ]
papaia (f)	papaja (ż)	[pa'paja]
manga (f)	mango (n)	['maŋɔ]
romã (f)	granat (m)	['granat]

groselha (f) vermelha	czerwona porzeczka (ż)	[tʃɛr'vɔna pɔ'ʒɛtʃka]
groselha (f) preta	czarna porzeczka (ż)	['tʃarna pɔ'ʒɛtʃka]
groselha (f) espinhosa	agrest (m)	['agrɛst]
mirtilo (m)	borówka (ż) czarna	[bɔ'rɔfka 'tʃarna]
amora silvestre (f)	jeżyna (ż)	[e'ʒina]

uvas (f pl) passas	rodzynek (m)	[rɔ'dzinɛk]
figo (m)	figa (ż)	['figa]
tâmara (f)	daktyl (m)	['daktɨl]

amendoim (m)	orzeszek (l.mn.) ziemny	[ɔ'ʒɛʃɛk 'ʒemnɛ]
amêndoa (f)	migdał (m)	['migdaw]
noz (f)	orzech (m) włoski	['ɔʒɛh 'vwɔski]
avelã (f)	orzech (m) laskowy	['ɔʒɛh ʎas'kɔvɨ]
coco (m)	orzech (m) kokosowy	['ɔʒɛh kɔkɔ'sɔvɨ]
pistáchios (m pl)	fistaszki (l.mn.)	[fis'taʃki]

56. Pão. Bolaria

pastelaria (f)	wyroby (l.mn.) cukiernicze	[vɨ'rɔbɨ tsuker'nitʃɛ]
pão (m)	chleb (m)	[hlep]
bolacha (f)	herbatniki (l.mn.)	[hɛrbat'niki]
chocolate (m)	czekolada (ż)	[tʃɛkɔ'ʎada]
de chocolate	czekoladowy	[tʃɛkɔʎa'dɔvɨ]

rebuçado (m)	cukierek (m)	[tsu'kerɛk]
bolo (cupcake, etc.)	ciastko (n)	['tʃastkɔ]
bolo (m) de aniversário	tort (m)	[tɔrt]
tarte (~ de maçã)	ciasto (n)	['tʃastɔ]
recheio (m)	nadzienie (n)	[na'dʒene]
doce (m)	konfitura (ż)	[kɔnfi'tura]
geleia (f) de frutas	marmolada (ż)	[marmɔ'ʎada]
waffle (m)	wafle (l.mn.)	['vafle]
gelado (m)	lody (l.mn.)	['lɔdɨ]

57. Especiarias

sal (m)	sól (ż)	[suʎ]
salgado	słony	['swɔnɨ]
salgar (vt)	solić	['sɔlitʃ]
pimenta (f) preta	pieprz (m) czarny	[pepʃ 'tʃarnɨ]
pimenta (f) vermelha	papryka (ż)	[pap'rika]
mostarda (f)	musztarda (ż)	[muʃ'tarda]
raiz-forte (f)	chrzan (m)	[hʃan]
condimento (m)	przyprawa (ż)	[pʃip'rava]
especiaria (f)	przyprawa (ż)	[pʃip'rava]
molho (m)	sos (m)	[sɔs]
vinagre (m)	ocet (m)	['ɔtset]
anis (m)	anyż (m)	['aniʃ]
manjericão (m)	bazylia (ż)	[ba'ziʎja]
cravo (m)	goździki (l.mn.)	['gɔzʲdʒiki]
gengibre (m)	imbir (m)	['imbir]
coentro (m)	kolendra (ż)	[kɔ'lendra]
canela (f)	cynamon (m)	[tsi'namɔn]
sésamo (m)	sezam (m)	['sɛzam]
folhas (f pl) de louro	liść (m) laurowy	[liɕtʃ ʎau'rɔvɨ]
páprica (f)	papryka (ż)	[pap'rika]
cominho (m)	kminek (m)	['kminɛk]
açafrão (m)	szafran (m)	['ʃafran]

INFORMAÇÃO PESSOAL. FAMÍLIA

58. Informação pessoal. Formulários

nome (m)	imię (n)	['imɛ̃]
apelido (m)	nazwisko (n)	[naz'viskɔ]
data (f) de nascimento	data (ż) urodzenia	['data urɔ'dzɛɲa]
local (m) de nascimento	miejsce (n) urodzenia	['mejstsɛ urɔ'dzɛɲa]
nacionalidade (f)	narodowość (ż)	[narɔ'dɔvɔɕtʃ]
lugar (m) de residência	miejsce (n) zamieszkania	['mejstse zameʃ'kaɲa]
país (m)	kraj (m)	[kraj]
profissão (f)	zawód (m)	['zavut]
sexo (m)	płeć (ż)	['pwɛtʃ]
estatura (f)	wzrost (m)	[vzrɔst]
peso (m)	waga (ż)	['vaga]

59. Membros da família. Parentes

mãe (f)	matka (ż)	['matka]
pai (m)	ojciec (m)	['ɔjtʃets]
filho (m)	syn (m)	[sin]
filha (f)	córka (ż)	['tsurka]
filha (f) mais nova	młodsza córka (ż)	['mwɔtʃa 'tsurka]
filho (m) mais novo	młodszy syn (m)	['mwɔtʃi sin]
filha (f) mais velha	starsza córka (ż)	['starʃa 'tsurka]
filho (m) mais velho	starszy syn (m)	['starʃi sin]
irmão (m)	brat (m)	[brat]
irmã (f)	siostra (ż)	['ɕɔstra]
primo (m)	kuzyn (m)	['kuzin]
prima (f)	kuzynka (ż)	[ku'ziŋka]
mamã (f)	mama (ż)	['mama]
papá (m)	tata (m)	['tata]
pais (pl)	rodzice (l.mn.)	[rɔ'dʒitsɛ]
criança (f)	dziecko (n)	['dʒetskɔ]
crianças (f pl)	dzieci (l.mn.)	['dʒetʃi]
avó (f)	babcia (ż)	['babtʃa]
avô (m)	dziadek (m)	['dʒʲadɛk]
neto (m)	wnuk (m)	[vnuk]
neta (f)	wnuczka (ż)	['vnutʃka]
netos (pl)	wnuki (l.mn.)	['vnuki]
tio (m)	wujek (m)	['vuek]
tia (f)	ciocia (ż)	['tʃɔtʃa]

sobrinho (m)	bratanek (m), siostrzeniec (m)	[bra'tanɛk], [sɜst'ʃɛneʦ]
sobrinha (f)	bratanica (ż), siostrzenica (ż)	[brata'niʦa], [sɜst'ʃɛniʦa]

sogra (f)	teściowa (ż)	[tɛɕ'ʧova]
sogro (m)	teść (m)	[tɛɕʧ]
genro (m)	zięć (m)	[ʒɛ̃ʧ]
madrasta (f)	macocha (ż)	[ma'ʦɔha]
padrasto (m)	ojczym (m)	['ɔjʧim]

criança (f) de colo	niemowlę (n)	[ne'mɔvlɛ̃]
bebé (m)	niemowlę (n)	[ne'mɔvlɛ̃]
menino (m)	maluch (m)	['malyh]

mulher (f)	żona (ż)	['ʒɔna]
marido (m)	mąż (m)	[mɔ̃ʃ]
esposo (m)	małżonek (m)	[maw'ʒɔnɛk]
esposa (f)	małżonka (ż)	[maw'ʒɔŋka]

casado	żonaty	[ʒɔ'nati]
casada	zamężna	[za'mɛnʒna]
solteiro	nieżonaty	[neʒɔ'nati]
solteirão (m)	kawaler (m)	[ka'valer]
divorciado	rozwiedziony	[rɔzve'dʒɜni]
viúva (f)	wdowa (ż)	['vdɔva]
viúvo (m)	wdowiec (m)	['vdɔveʦ]

parente (m)	krewny (m)	['krɛvni]
parente (m) próximo	bliski krewny (m)	['bliski 'krɛvni]
parente (m) distante	daleki krewny (m)	[da'leki 'krɛvni]
parentes (m pl)	rodzina (ż)	[rɔ'dʒina]

órfão (m), órfã (f)	sierota (ż)	[ɕe'rɔta]
tutor (m)	opiekun (m)	[ɔ'pekun]
adotar (um filho)	zaadoptować	[za:dɔp'tɔvaʧ]
adotar (uma filha)	zaadoptować	[za:dɔp'tɔvaʧ]

60. Amigos. Colegas de trabalho

amigo (m)	przyjaciel (m)	[pʃi'jaʧeʎ]
amiga (f)	przyjaciółka (ż)	[pʃija'ʧuwka]
amizade (f)	przyjaźń (ż)	['pʃijaʑɲ]
ser amigos	przyjaźnić się	[pʃi'jaʑniʧ ɕɛ̃]

amigo (m)	kumpel (m)	['kumpɛʎ]
amiga (f)	kumpela (ż)	[kum'pɛʎa]
parceiro (m)	partner (m)	['partnɛr]

chefe (m)	szef (m)	[ʃɛf]
superior (m)	kierownik (m)	[ke'rɔvnik]
subordinado (m)	podwładny (m)	[pɔdv'wadni]
colega (m)	koleżanka (ż)	[kɔle'ʒaŋka]

conhecido (m)	znajomy (m)	[zna3mi]
companheiro (m) de viagem	towarzysz (m) podróży	[tɔ'vaʒiʃ pɔd'ruʒi]

colega (m) de classe	kolega (m) z klasy	[kɔ'lega s 'kʎasi]
vizinho (m)	sąsiad (m)	['sɔ̃ɕat]
vizinha (f)	sąsiadka (ż)	[sɔ̃'ɕatka]
vizinhos (pl)	sąsiedzi (l.mn.)	[sɔ̃'ɕedʑi]

CORPO HUMANO. MEDICINA

61. Cabeça

cabeça (f)	głowa (ż)	['gwɔva]
cara (f)	twarz (ż)	[tfaʃ]
nariz (m)	nos (m)	[nɔs]
boca (f)	usta (l.mn.)	['usta]
olho (m)	oko (n)	['ɔkɔ]
olhos (m pl)	oczy (l.mn.)	['ɔtʃi]
pupila (f)	źrenica (ż)	[ʑre'nitsa]
sobrancelha (f)	brew (ż)	[brɛf]
pestana (f)	rzęsy (l.mn.)	['ʒɛnsi]
pálpebra (f)	powieka (ż)	[pɔ'veka]
língua (f)	język (m)	['enzik]
dente (m)	ząb (m)	[zõmp]
lábios (m pl)	wargi (l.mn.)	['vargi]
maçãs (f pl) do rosto	kości (l.mn.) policzkowe	['kɔɕtɕi pɔlitʃ'kɔvɛ]
gengiva (f)	dziąsło (n)	[dʑõswɔ]
palato (m)	podniebienie (n)	[pɔdne'bene]
narinas (f pl)	nozdrza (l.mn.)	['nɔzdʒa]
queixo (m)	podbródek (m)	[pɔdb'rudek]
mandíbula (f)	szczęka (ż)	['ʃtʃɛŋka]
bochecha (f)	policzek (m)	[pɔ'litʃɛk]
testa (f)	czoło (n)	['tʃowɔ]
têmpora (f)	skroń (ż)	[skrɔɲ]
orelha (f)	ucho (n)	['uhɔ]
nuca (f)	potylica (ż)	[pɔti'litsa]
pescoço (m)	szyja (ż)	['ʃija]
garganta (f)	gardło (n)	['gardwɔ]
cabelos (m pl)	włosy (l.mn.)	['vwɔsi]
penteado (m)	fryzura (ż)	[fri'zura]
corte (m) de cabelo	uczesanie (n)	[utʃɛ'sane]
peruca (f)	peruka (ż)	[pɛ'ruka]
bigode (m)	wąsy (l.mn.)	['võsi]
barba (f)	broda (ż)	['brɔda]
usar, ter (~ barba, etc.)	nosić	['nɔɕitʃ]
trança (f)	warkocz (m)	['varkɔtʃ]
suíças (f pl)	baczki (l.mn.)	['batʃki]
ruivo	rudy	['rudi]
grisalho	siwy	['ɕivi]
calvo	łysy	['wisi]
calva (f)	łysina (ż)	[wi'ɕina]

| rabo-de-cavalo (m) | koński ogon (m) | ['kɔɲski 'ɔgɔn] |
| franja (f) | grzywka (ż) | ['gʒifka] |

62. Corpo humano

| mão (f) | dłoń (ż) | [dwɔɲ] |
| braço (m) | ręka (ż) | ['rɛŋka] |

dedo (m)	palec (m)	['palets]
polegar (m)	kciuk (m)	['ktʃuk]
dedo (m) mindinho	mały palec (m)	['mawɨ 'palets]
unha (f)	paznokieć (m)	[paz'nɔketʃ]

punho (m)	pięść (ż)	[pɛ̃ctʃ]
palma (f) da mão	dłoń (ż)	[dwɔɲ]
pulso (m)	nadgarstek (m)	[nad'garstɛk]
antebraço (m)	przedramię (n)	[pʃɛd'ramɛ̃]
cotovelo (m)	łokieć (n)	['wɔketʃ]
ombro (m)	ramię (n)	['ramɛ̃]

perna (f)	noga (ż)	['nɔga]
pé (m)	stopa (ż)	['stɔpa]
joelho (m)	kolano (n)	[kɔ'ʎanɔ]
barriga (f) da perna	łydka (ż)	['wɨtka]
anca (f)	biodro (n)	['bɔdrɔ]
calcanhar (m)	pięta (ż)	['penta]

corpo (m)	ciało (n)	['tʃawɔ]
barriga (f)	brzuch (m)	[bʒuh]
peito (m)	pierś (ż)	[perɕ]
seio (m)	piersi (l.mn.)	['perɕi]
lado (m)	bok (m)	[bɔk]
costas (f pl)	plecy (l.mn.)	['pletsi]
região (f) lombar	krzyż (m)	[kʃɨʃ]
cintura (f)	talia (ż)	['taʎja]

umbigo (m)	pępek (m)	['pɛ̃pɛk]
nádegas (f pl)	pośladki (l.mn.)	[pɔɕ'ʎatki]
traseiro (m)	tyłek (m)	['tiwɛk]

sinal (m)	pieprzyk (m)	['pepʃik]
sinal (m) de nascença	znamię (n)	['znamɛ̃]
tatuagem (f)	tatuaż (m)	[ta'tuaʃ]
cicatriz (f)	blizna (ż)	['blizna]

63. Doenças

doença (f)	choroba (ż)	[hɔ'rɔba]
estar doente	chorować	[hɔ'rɔvatʃ]
saúde (f)	zdrowie (n)	['zdrɔve]
nariz (m) a escorrer	katar (m)	['katar]
amigdalite (f)	angina (ż)	[aɲina]

| constipação (f) | przeziębienie (n) | [pʃɛʒɛ̃'bene] |
| constipar-se (vr) | przeziębić się | [pʃɛ'ʒembitʃ ɕɛ̃] |

bronquite (f)	zapalenie (n) oskrzeli	[zapa'lɛne ɔsk'ʃɛli]
pneumonia (f)	zapalenie (n) płuc	[zapa'lɛne pwuts]
gripe (f)	grypa (ż)	['gripa]

míope	krótkowzroczny	[krutkɔvz'rɔtʃni]
presbita	dalekowzroczny	[dalekɔvz'rɔtʃni]
estrabismo (m)	zez (m)	[zɛs]
estrábico	zezowaty	[zɛzɔ'vati]
catarata (f)	katarakta (ż)	[kata'rakta]
glaucoma (m)	jaskra (ż)	['jaskra]

AVC (m), apoplexia (f)	wylew (m)	['vilef]
ataque (m) cardíaco	zawał (m)	['zavaw]
enfarte (m) do miocárdio	zawał (m) mięśnia sercowego	['zavaw 'mɛ̃ɕɲa sɛrtsɔ'vɛgɔ]
paralisia (f)	paraliż (m)	[pa'raliʃ]
paralisar (vt)	sparaliżować	[sparali'ʒɔvatʃ]

alergia (f)	alergia (ż)	[a'lergʰja]
asma (f)	astma (ż)	['astma]
diabetes (f)	cukrzyca (ż)	[tsuk'ʃitsa]

| dor (f) de dentes | ból (m) zęba | [buʎ 'zɛ̃ba] |
| cárie (f) | próchnica (ż) | [pruh'nitsa] |

diarreia (f)	rozwolnienie (n)	[rɔzvɔʎ'nene]
prisão (f) de ventre	zaparcie (n)	[za'partʃe]
desarranjo (m) intestinal	rozstrój (m) żołądka	['rɔsstruj ʒɔ'wɔtka]
intoxicação (f) alimentar	zatrucie (n) pokarmowe	[zat'rutʃe pokar'mɔvɛ]
intoxicar-se	zatruć się	['zatrutʃ ɕɛ̃]

artrite (f)	artretyzm (m)	[art'rɛtizm]
raquitismo (m)	krzywica (ż)	[kʃi'vitsa]
reumatismo (m)	reumatyzm (m)	[rɛu'matizm]
arteriosclerose (f)	miażdżyca (ż)	[mʲaʒ'dʒitsa]

gastrite (f)	nieżyt (m) żołądka	['neʒit ʒɔ'wɔtka]
apendicite (f)	zapalenie (n) wyrostka robaczkowego	[zapa'lene viʹrɔstka rɔbatʃkɔ'vɛgɔ]
úlcera (f)	wrzód (m)	[vʒut]

sarampo (m)	odra (ż)	['ɔdra]
rubéola (f)	różyczka (ż)	[ru'ʒitʃka]
iterícia (f)	żółtaczka (ż)	[ʒuw'tatʃka]
hepatite (f)	zapalenie (n) wątroby	[zapa'lene vɔ̃t'rɔbi]

esquizofrenia (f)	schizofrenia (ż)	[shizɔf'rɛnʰja]
raiva (f)	wścieklizna (ż)	[vɕtʃek'lizna]
neurose (f)	nerwica (ż)	[nɛr'vitsa]
comoção (f) cerebral	wstrząs (m) mózgu	[fstʃɔ̃s 'muzgu]

| cancro (m) | rak (m) | [rak] |
| esclerose (f) | stwardnienie (n) | [stvard'nenie] |

esclerose (f) múltipla	stwardnienie (n) rozsiane	[stfard'nene rɔz'ɕanɛ]
alcoolismo (m)	alkoholizm (m)	[aʎkɔ'hɔlizm]
alcoólico (m)	alkoholik (m)	[aʎkɔ'hɔlik]
sífilis (f)	syfilis (m)	[si'filis]
SIDA (f)	AIDS (m)	[ɛjts]

tumor (m)	nowotwór (m)	[nɔ'vɔtfur]
maligno	złośliwa	[zwɔɕ'liva]
benigno	niezłośliwa	[nezwɔɕ'liva]

febre (f)	febra (ż)	['fɛbra]
malária (f)	malaria (ż)	[ma'ʎarʰja]
gangrena (f)	gangrena (ż)	[gaŋ'rɛna]
enjoo (m)	choroba (ż) morska	[hɔ'rɔba 'mɔrska]
epilepsia (f)	padaczka (ż)	[pa'datʃka]

epidemia (f)	epidemia (ż)	[ɛpi'dɛmʰja]
tifo (m)	tyfus (m)	['tifus]
tuberculose (f)	gruźlica (ż)	[gruʑ'litsa]
cólera (f)	cholera (ż)	[hɔ'lera]
peste (f)	dżuma (ż)	['dʒuma]

64. Sintomas. Tratamentos. Parte 1

sintoma (m)	objaw (m)	['ɔbʰjaf]
temperatura (f)	temperatura (ż)	[tɛmpɛra'tura]
febre (f)	gorączka (ż)	[gɔ'rɔ̃tʃka]
pulso (m)	puls (m)	[puʎs]

vertigem (f)	zawrót (m) głowy	['zavrut 'gwɔvi]
quente (testa, etc.)	gorący	[gɔ'rɔ̃tsi]
calafrio (m)	dreszcz (m)	['drɛʃtʃ]
pálido	blady	['bʎadi]

tosse (f)	kaszel (m)	['kaʃɛʎ]
tossir (vi)	kaszleć	['kaʃletʃ]
espirrar (vi)	kichać	['kihatʃ]
desmaio (m)	omdlenie (n)	[ɔmd'lene]
desmaiar (vi)	zemdleć	['zɛmdletʃ]

nódoa (f) negra	siniak (m)	['ɕiɲak]
galo (m)	guz (m)	[gus]
magoar-se (vr)	uderzyć się	[u'dɛʒitʃ ɕɛ̃]
pisadura (f)	stłuczenie (n)	[stwut'ʃɛne]
aleijar-se (vr)	potłuc się	['pɔtwuts ɕɛ̃]

coxear (vi)	kuleć	['kuletʃ]
deslocação (f)	zwichnięcie (n)	[zvih'nɛ̃tʃe]
deslocar (vt)	zwichnąć	['zvihnɔ̃tʃ]
fratura (f)	złamanie (n)	[zwa'mane]
fraturar (vt)	otrzymać złamanie	[ɔt'ʃimatʃ zwa'mane]

corte (m)	skaleczenie (n)	[skalet'ʃɛne]
cortar-se (vr)	skaleczyć się	[ska'letʃitʃ ɕɛ̃]

hemorragia (f)	krwotok (m)	['krfotɔk]
queimadura (f)	oparzenie (n)	[ɔpa'ʒɛne]
queimar-se (vr)	poparzyć się	[pɔ'paʒiʧ ɕɛ̃]

picar (vt)	ukłuć	['ukwuʧ]
picar-se (vr)	ukłuć się	['ukwuʧ ɕɛ̃]
lesionar (vt)	uszkodzić	[uʃ'kɔʤiʧ]
lesão (m)	uszkodzenie (n)	[uʃkɔ'dzɛne]
ferida (f), ferimento (m)	rana (ż)	['rana]
trauma (m)	uraz (m)	['uras]

delirar (vi)	bredzić	['brɛʤiʧ]
gaguejar (vi)	jąkać się	[ɔ̃kaʧ ɕɛ̃]
insolação (f)	udar (m) słoneczny	['udar swɔ'nɛʧni]

65. Sintomas. Tratamentos. Parte 2

| dor (f) | ból (m) | [buʎ] |
| farpa (no dedo) | drzazga (ż) | ['dʒazga] |

suor (m)	pot (m)	[pɔt]
suar (vi)	pocić się	['pɔʧiʧ ɕɛ̃]
vómito (m)	wymiotowanie (n)	[vimɔtɔ'vane]
convulsões (f pl)	drgawki (l.mn.)	['drgavki]

grávida	ciężarna (ż)	[ʧɛ̃'ʒarna]
nascer (vi)	urodzić się	[u'rɔʤiʧ ɕɛ̃]
parto (m)	poród (m)	['pɔrut]
dar à luz	rodzić	['rɔʤiʧ]
aborto (m)	aborcja (ż)	[a'bɔrtsʲja]

respiração (f)	oddech (m)	['ɔddɛh]
inspiração (f)	wdech (m)	[vdɛh]
expiração (f)	wydech (m)	['vidɛh]
expirar (vi)	zrobić wydech	['zrɔbiʧ 'vidɛh]
inspirar (vi)	zrobić wdech	['zrɔbiʧ vdɛh]

inválido (m)	niepełnosprawny (m)	[nepɛwnɔsp'ravni]
aleijado (m)	kaleka (m, ż)	[ka'leka]
toxicodependente (m)	narkoman (m)	[nar'kɔman]

surdo	niesłyszący, głuchy	[neswi'ʃɔ̃tsi], ['gwuhi]
mudo	niemy	['nemi]
surdo-mudo	głuchoniemy	[gwuhɔ'nemi]

louco (adj.)	zwariowany	[zvarʲɔ'vani]
louco (m)	wariat (m)	['varʲjat]
louca (f)	wariatka (ż)	[varʲʲjatka]
ficar louco	stracić rozum	['straʧiʧ rɔzum]

gene (m)	gen (m)	[gɛn]
imunidade (f)	odporność (ż)	[ɔt'pɔrnɔɕʧ]
hereditário	dziedziczny	[dʒe'ʤiʧni]
congénito	wrodzony	[vrɔ'dzɔni]

vírus (m)	wirus (m)	['virus]
micróbio (m)	mikrob (m)	['mikrɔb]
bactéria (f)	bakteria (ż)	[bak'tɛrʰja]
infeção (f)	infekcja (ż)	[in'fɛkts ʰja]

66. Sintomas. Tratamentos. Parte 3

| hospital (m) | szpital (m) | ['ʃpitaʎ] |
| paciente (m) | pacjent (m) | ['patsʰent] |

diagnóstico (m)	diagnoza (ż)	[dʰjag'nɔza]
cura (f)	leczenie (n)	[let'ʃɛne]
tratamento (m) médico	leczenie (n)	[let'ʃɛne]
curar-se (vr)	leczyć się	['letʃitʃ ɕɛ̃]
tratar (vt)	leczyć	['letʃitʃ]
cuidar (pessoa)	opiekować się	[ɔpe'kɔvatʃ ɕɛ̃]
cuidados (m pl)	opieka (ż)	[ɔ'peka]

operação (f)	operacja (ż)	[ɔpɛ'ratsʰja]
enfaixar (vt)	opatrzyć	[ɔ'patʃitʃ]
enfaixamento (m)	opatrunek (m)	[ɔpat'runɛk]

vacinação (f)	szczepionka (m)	[ʃtʃɛ'pɜŋka]
vacinar (vt)	szczepić	['ʃtʃɛpitʃ]
injeção (f)	zastrzyk (m)	['zastʃik]
dar uma injeção	robić zastrzyk	['rɔbitʃ 'zastʃik]

amputação (f)	amputacja (ż)	[ampu'tatsʰja]
amputar (vt)	amputować	[ampu'tɔvatʃ]
coma (f)	śpiączka (ż)	[ɕpɔ̃tʃka]
estar em coma	być w śpiączce	[bitʃ f ɕpɔ̃tʃse]
reanimação (f)	reanimacja (ż)	[rɛani'matsʰja]

recuperar-se (vr)	wracać do zdrowia	['vratsatʃ dɔ 'zdrɔvʲa]
estado (~ de saúde)	stan (m)	[stan]
consciência (f)	przytomność (ż)	[pʃi'tɔmnɔɕtʃ]
memória (f)	pamięć (ż)	['pamɛ̃tʃ]

tirar (vt)	usuwać	[u'suvatʃ]
chumbo (m), obturação (f)	plomba (ż)	['plɜmba]
chumbar, obturar (vt)	plombować	[plɜm'bɔvatʃ]

| hipnose (f) | hipnoza (ż) | [hip'nɔza] |
| hipnotizar (vt) | hipnotyzować | [hipnɔti'zɔvatʃ] |

67. Medicina. Drogas. Acessórios

medicamento (m)	lekarstwo (n)	[le'karstfɔ]
remédio (m)	środek (m)	['ɕrɔdɛk]
receitar (vt)	zapisać	[za'pisatʃ]
receita (f)	recepta (ż)	[rɛ'tsɛpta]
comprimido (m)	tabletka (ż)	[tab'letka]

pomada (f)	**maść** (ż)	[maɕtɕ]
ampola (f)	**ampułka** (ż)	[am'puwka]
preparado (m)	**mikstura** (ż)	[miks'tura]
xarope (m)	**syrop** (m)	['sɨrɔp]
cápsula (f)	**pigułka** (ż)	[pi'guwka]
remédio (m) em pó	**proszek** (m)	['prɔʃɛk]
ligadura (f)	**bandaż** (m)	['bandaʃ]
algodão (m)	**wata** (ż)	['vata]
iodo (m)	**jodyna** (ż)	[ʒ'dina]
penso (m) rápido	**plaster** (m)	['pʎaster]
conta-gotas (m)	**zakraplacz** (m)	[zak'rapʎatʃ]
termómetro (m)	**termometr** (m)	[tɛr'mɔmɛtr]
seringa (f)	**strzykawka** (ż)	[stʃi'kafka]
cadeira (f) de rodas	**wózek** (m) **inwalidzki**	['vɔzɛk inva'lidzki]
muletas (f pl)	**kule** (l.mn.)	['kule]
analgésico (m)	**środek** (m) **przeciwbólowy**	['ɕrɔdɛk pʃɛtʃifbɔ'lɔvɨ]
laxante (m)	**środek** (m) **przeczyszczający**	['ɕrɔdɛk pʃɛtʃɨʃtʃaɔ̃tsi]
álcool (m) etílico	**spirytus** (m)	[spi'ritus]
ervas (f pl) medicinais	**zioła** (l.mn.) **lecznicze**	[ʒi'ɔla lɛtʃ'nitʃɛ]
de ervas (chá ~)	**ziołowy**	[ʒʒ'wɔvɨ]

APARTAMENTO

68. Apartamento

apartamento (m)	mieszkanie (n)	[meʃ'kane]
quarto (m)	pokój (m)	['pɔkuj]
quarto (m) de dormir	sypialnia (ż)	[si'pʲaʎɲa]
sala (f) de jantar	jadalnia (ż)	[ja'daʎɲa]
sala (f) de estar	salon (m)	['salɔn]
escritório (m)	gabinet (m)	[ga'binɛt]
antessala (f)	przedpokój (m)	[pʃɛt'pɔkuj]
quarto (m) de banho	łazienka (ż)	[wa'ʒeŋka]
toilette (lavabo)	toaleta (ż)	[tɔa'leta]
teto (m)	sufit (m)	['sufit]
chão, soalho (m)	podłoga (ż)	[pɔd'wɔga]
canto (m)	kąt (m)	[kɔ̃t]

69. Mobiliário. Interior

mobiliário (m)	meble (l.mn.)	['mɛble]
mesa (f)	stół (m)	[stɔw]
cadeira (f)	krzesło (n)	['kʃɛswɔ]
cama (f)	łóżko (n)	['wuʃkɔ]
divã (m)	kanapa (ż)	[ka'napa]
cadeirão (m)	fotel (m)	['fɔtɛʎ]
estante (f)	biblioteczka (ż)	[bibʎɔ'tɛtʃka]
prateleira (f)	półka (ż)	['puwka]
guarda-vestidos (m)	szafa (ż) ubraniowa	['ʃafa ubra'nɔva]
cabide (m) de parede	wieszak (m)	['veʃak]
cabide (m) de pé	wieszak (m)	['veʃak]
cómoda (f)	komoda (ż)	[kɔ'mɔda]
mesinha (f) de centro	stolik (m) kawowy	['stɔlik ka'vɔvɨ]
espelho (m)	lustro (n)	['lystrɔ]
tapete (m)	dywan (m)	['dɨvan]
tapete (m) pequeno	dywanik (m)	[dɨ'vanik]
lareira (f)	kominek (m)	[kɔ'minɛk]
vela (f)	świeca (ż)	['ɕfetsa]
castiçal (m)	świecznik (m)	['ɕfetʃnik]
cortinas (f pl)	zasłony (l.mn.)	[zas'wɔnɨ]
papel (m) de parede	tapety (l.mn.)	[ta'pɛti]

estores (f pl)	żaluzje (l.mn.)	[ʒa'lyzʰe]
candeeiro (m) de mesa	lampka (ż) na stół	['ʎampka na stɔw]
candeeiro (m) de parede	lampka (ż)	['ʎampka]
candeeiro (m) de pé	lampa (ż) stojąca	['ʎampa stɔ:ʦa]
lustre (m)	żyrandol (m)	[ʒi'randɔʎ]
pé (de mesa, etc.)	noga (ż)	['nɔga]
braço (m)	poręcz (ż)	['pɔrɛ̃ʧ]
costas (f pl)	oparcie (n)	[ɔ'parʧe]
gaveta (f)	szuflada (ż)	[ʃuf'ʎada]

70. Quarto de dormir

roupa (f) de cama	pościel (ż)	['pɔɕʧeʎ]
almofada (f)	poduszka (ż)	[pɔ'duʃka]
fronha (f)	poszewka (ż)	[pɔ'ʃɛfka]
cobertor (m)	kołdra (ż)	['kɔwdra]
lençol (m)	prześcieradło (n)	[pʃɛɕʧe'radwɔ]
colcha (f)	narzuta (ż)	[na'ʒuta]

71. Cozinha

cozinha (f)	kuchnia (ż)	['kuhɲa]
gás (m)	gaz (m)	[gas]
fogão (m) a gás	kuchenka (ż) gazowa	[ku'hɛŋka ga'zɔva]
fogão (m) elétrico	kuchenka (ż) elektryczna	[ku'hɛŋka ɛlekt'riʧna]
forno (m)	piekarnik (m)	[pe'karnik]
forno (m) de micro-ondas	mikrofalówka (ż)	[mikrɔfa'lyfka]
frigorífico (m)	lodówka (ż)	[lɔ'dufka]
congelador (m)	zamrażarka (ż)	[zamra'ʒarka]
máquina (f) de lavar louça	zmywarka (ż) do naczyń	[zmi'varka dɔ 'naʧiɲ]
moedor (m) de carne	maszynka (ż) do mięsa	[ma'ʃiŋka dɔ 'mensa]
espremedor (m)	sokowirówka (ż)	[sɔkɔvi'rufka]
torradeira (f)	toster (m)	['tɔstɛr]
batedeira (f)	mikser (m)	['miksɛr]
máquina (f) de café	ekspres (m) do kawy	['ɛksprɛs dɔ 'kavi]
cafeteira (f)	dzbanek (m) do kawy	['dzbanɛk dɔ 'kavi]
moinho (m) de café	młynek (m) do kawy	['mwinɛk dɔ 'kavi]
chaleira (f)	czajnik (m)	['ʧajnik]
bule (m)	czajniczek (m)	['ʧaj'niʧɛk]
tampa (f)	pokrywka (ż)	[pɔk'rifka]
coador (m) de chá	sitko (n)	['ɕitkɔ]
colher (f)	łyżka (ż)	['wiʃka]
colher (f) de chá	łyżeczka (ż)	[wi'ʒɛʧka]
colher (f) de sopa	łyżka (ż) stołowa	['wiʃka stɔ'wɔva]
garfo (m)	widelec (m)	[vi'dɛleʦ]
faca (f)	nóż (m)	[nuʃ]

louça (f)	naczynia (l.mn.)	[nat'ʃiɲa]
prato (m)	talerz (m)	['taleʃ]
pires (m)	spodek (m)	['spɔdɛk]

cálice (m)	kieliszek (m)	[ke'liʃɛk]
copo (m)	szklanka (ż)	['ʃkʌaŋka]
chávena (f)	filiżanka (ż)	[fili'ʒaŋka]

açucareiro (m)	cukiernica (ż)	[tsuker'nitsa]
saleiro (m)	solniczka (ż)	[sɔʌ'nitʃka]
pimenteiro (m)	pieprzniczka (ż)	[pepʃ'nitʃka]
manteigueira (f)	maselniczka (ż)	[masɛʌ'nitʃka]

panela, caçarola (f)	garnek (m)	['garnɛk]
frigideira (f)	patelnia (ż)	[pa'tɛʌɲa]
concha (f)	łyżka (ż) wazowa	['wiʃka va'zɔva]
passador (m)	durszlak (m)	['durʃʌak]
bandeja (f)	taca (ż)	['tatsa]

garrafa (f)	butelka (ż)	[bu'tɛʌka]
boião (m) de vidro	słoik (m)	['swɔik]
lata (f)	puszka (ż)	['puʃka]

abre-garrafas (m)	otwieracz (m) do butelek	[ot'feratʃ dɛ bu'tɛlek]
abre-latas (m)	otwieracz (m) do puszek	[ot'feratʃ dɛ 'puʃɛk]
saca-rolhas (m)	korkociąg (m)	[kɔr'kɔtʃɔ̃k]
filtro (m)	filtr (m)	[fiʌtr]
filtrar (vt)	filtrować	[fiʌt'rɔvatʃ]

| lixo (m) | odpadki (l.mn.) | [ɔt'patki] |
| balde (m) do lixo | kosz (m) na śmieci | [kɔʃ na 'ɕmetʃi] |

72. Casa de banho

quarto (m) de banho	łazienka (ż)	[wa'ʒeŋka]
água (f)	woda (ż)	['vɔda]
torneira (f)	kran (m)	[kran]
água (f) quente	gorąca woda (ż)	[gɔ'rɔ̃tsa 'vɔda]
água (f) fria	zimna woda (ż)	['ʒimna 'vɔda]

| pasta (f) de dentes | pasta (ż) do zębów | ['pasta dɔ 'zɛ̃buʃ] |
| escovar os dentes | myć zęby | [mitʃ 'zɛ̃bi] |

barbear-se (vr)	golić się	['gɔlitʃ ɕɛ̃]
espuma (f) de barbear	pianka (ż) do golenia	['pʲaŋka dɔ gɔ'leɲa]
máquina (f) de barbear	maszynka (ż) do golenia	[ma'ʃiŋka dɔ gɔ'leɲa]

lavar (vt)	myć	[mitʃ]
lavar-se (vr)	myć się	['mitʃ ɕɛ̃]
duche (m)	prysznic (m)	['priʃnits]
tomar um duche	brać prysznic	[bratʃ 'priʃnits]

| banheira (f) | wanna (ż) | ['vaɲa] |
| sanita (f) | sedes (m) | ['sɛdɛs] |

lavatório (m)	zlew (m)	[zlef]
sabonete (m)	mydło (n)	['mɨdwɔ]
saboneteira (f)	mydelniczka (ż)	[mɨdɛʎ'niʧka]
esponja (f)	gąbka (ż)	['gõpka]
champô (m)	szampon (m)	['ʃampɔn]
toalha (f)	ręcznik (m)	['rɛnʧnik]
roupão (m) de banho	szlafrok (m)	['ʃʎafrɔk]
lavagem (f)	pranie (n)	['prane]
máquina (f) de lavar	pralka (ż)	['praʎka]
lavar a roupa	prać	[praʧ]
detergente (m)	proszek (m) do prania	['prɔʃɛk dɔ 'praɲa]

73. Eletrodomésticos

televisor (m)	telewizor (m)	[tɛle'vizɔr]
gravador (m)	magnetofon (m)	[magnɛ'tɔfɔn]
videogravador (m)	magnetowid (m)	[magnɛ'tɔvid]
rádio (m)	odbiornik (m)	[ɔd'bɔrnik]
leitor (m)	odtwarzacz (m)	[ɔtt'vaʒaʧ]
projetor (m)	projektor (m) wideo	[prɔ'ektɔr vi'dɛɔ]
cinema (m) em casa	kino (n) domowe	['kinɔ dɔ'mɔvɛ]
leitor (m) de DVD	odtwarzacz DVD (m)	[ɔtt'vaʒaʧ di vi di]
amplificador (m)	wzmacniacz (m)	['vzmaʦɲaʧ]
console (f) de jogos	konsola (ż) do gier	[kɔn'sɔʎa dɔ ger]
câmara (f) de vídeo	kamera (ż) wideo	[ka'mɛra vi'dɛɔ]
máquina (f) fotográfica	aparat (m) fotograficzny	[a'parat fɔtɔgra'fiʧnɨ]
câmara (f) digital	aparat (m) cyfrowy	[a'parat ʦɨf'rɔvɨ]
aspirador (m)	odkurzacz (m)	[ɔt'kuʒaʧ]
ferro (m) de engomar	żelazko (n)	[ʒɛ'ʎaskɔ]
tábua (f) de engomar	deska (ż) do prasowania	['dɛska dɔ prasɔ'vaɲa]
telefone (m)	telefon (m)	[tɛ'lefɔn]
telemóvel (m)	telefon (m) komórkowy	[tɛ'lefɔn kɔmur'kɔvɨ]
máquina (f) de escrever	maszyna (ż) do pisania	[ma'ʃina dɔ pi'saɲa]
máquina (f) de costura	maszyna (ż) do szycia	[ma'ʃina dɔ 'ʃiʧa]
microfone (m)	mikrofon (m)	[mik'rɔfɔn]
auscultadores (m pl)	słuchawki (l.mn.)	[swu'hafki]
controlo remoto (m)	pilot (m)	['pilɔt]
CD (m)	płyta CD (ż)	['pwita si'di]
cassete (f)	kaseta (ż)	[ka'sɛta]
disco (m) de vinil	płyta (ż)	['pwita]

A TERRA. TEMPO

74. Espaço sideral

cosmos (m)	kosmos (m)	['kɔsmɔs]
cósmico	kosmiczny	[kɔs'mitʃni]
espaço (m) cósmico	przestrzeń (ż) kosmiczna	['pʃɛstʃɛɲ kɔs'mitʃna]
mundo (m)	świat (m)	[ɕfʲat]
universo (m)	wszechświat (m)	['fʃɛhɕfʲat]
galáxia (f)	galaktyka (ż)	[ga'ʎaktika]
estrela (f)	gwiazda (ż)	['gvʲazda]
constelação (f)	gwiazdozbiór (m)	[gvʲaz'dɔzbyr]
planeta (m)	planeta (ż)	[pʎa'nɛta]
satélite (m)	satelita (m)	[satɛ'lita]
meteorito (m)	meteoryt (m)	[mɛtɛ'ɔrit]
cometa (m)	kometa (ż)	[kɔ'mɛta]
asteroide (m)	asteroida (ż)	[astɛrɔ'ida]
órbita (f)	orbita (ż)	[ɔr'bita]
girar (vi)	obracać się	[ɔb'raʦatʃ ɕɛ̃]
atmosfera (f)	atmosfera (ż)	[atmɔs'fɛra]
Sol (m)	Słońce (n)	['swɔɲʦɛ]
Sistema (m) Solar	Układ (m) Słoneczny	['ukwad swɔ'nɛtʃni]
eclipse (m) solar	zaćmienie (n) słońca	[zatʃ'mene 'swɔɲʦa]
Terra (f)	Ziemia (ż)	['ʒemʲa]
Lua (f)	Księżyc (m)	['kɕɛnʒiʦ]
Marte (m)	Mars (m)	[mars]
Vénus (f)	Wenus (ż)	['vɛnus]
Júpiter (m)	Jowisz (m)	[ɜviʃ]
Saturno (m)	Saturn (m)	['saturn]
Mercúrio (m)	Merkury (m)	[mɛr'kuri]
Urano (m)	Uran (m)	['uran]
Neptuno (m)	Neptun (m)	['nɛptun]
Plutão (m)	Pluton (m)	['plytɔn]
Via Láctea (f)	Droga (ż) Mleczna	['drɔga 'mletʃna]
Ursa Maior (f)	Wielki Wóz (m)	['vɛʎki vus]
Estrela Polar (f)	Gwiazda (ż) Polarna	['gvʲazda pɔ'ʎarna]
marciano (m)	Marsjanin (m)	[marsʰʲjanin]
extraterrestre (m)	kosmita (m)	[kɔs'mita]
alienígena (m)	obcy (m)	['ɔbʦi]

disco (m) voador	talerz (m) latający	['taleʃ ʎataɔ̃tsi]
nave (f) espacial	statek (m) kosmiczny	['statɛk kɔs'mitʃni]
estação (f) orbital	stacja (ż) kosmiczna	['statsʰja kɔs'mitʃna]
lançamento (m)	start (m)	[start]
motor (m)	silnik (m)	['ɕiʎnik]
bocal (m)	dysza (ż)	['diʃa]
combustível (m)	paliwo (n)	[pa'livɔ]
cabine (f)	kabina (ż)	[ka'bina]
antena (f)	antena (ż)	[an'tɛna]
vigia (f)	iluminator (m)	[ilymi'natɔr]
bateria (f) solar	bateria (ż) słoneczna	[ba'tɛrʰja swɔ'nɛtʃna]
traje (m) espacial	skafander (m)	[ska'fandɛr]
imponderabilidade (f)	nieważkość (ż)	[ne'vaʃkɔɕtʃ]
oxigénio (m)	tlen (m)	[tlen]
acoplagem (f)	połączenie (n)	[pɔwɔ̃t'ʃɛne]
fazer uma acoplagem	łączyć się	['wɔ̃tʃitʃ ɕɛ̃]
observatório (m)	obserwatorium (n)	[ɔbsɛrva'tɔrʰjum]
telescópio (m)	teleskop (m)	[tɛ'leskɔp]
observar (vt)	obserwować	[ɔbsɛr'vɔvatʃ]
explorar (vt)	badać	['badatʃ]

75. A Terra

Terra (f)	Ziemia (ż)	['ʒemʲa]
globo terrestre (Terra)	kula (ż) ziemska	['kuʎa 'ʒemska]
planeta (m)	planeta (ż)	[pʎa'nɛta]
atmosfera (f)	atmosfera (ż)	[atmɔs'fɛra]
geografia (f)	geografia (ż)	[gɛɔg'rafʰja]
natureza (f)	przyroda (ż)	[pʃi'rɔda]
globo (mapa esférico)	globus (m)	['glɔbus]
mapa (m)	mapa (ż)	['mapa]
atlas (m)	atlas (m)	['atʎas]
Europa (f)	Europa (ż)	[ɛu'rɔpa]
Ásia (f)	Azja (ż)	['azʰja]
África (f)	Afryka (ż)	['afrika]
Austrália (f)	Australia (ż)	[aust'raʎja]
América (f)	Ameryka (ż)	[a'mɛrika]
América (f) do Norte	Ameryka (ż) Północna	[a'mɛrika puw'nɔtsna]
América (f) do Sul	Ameryka (ż) Południowa	[a'mɛrika pɔwud'nɔva]
Antártida (f)	Antarktyda (ż)	[antark'tida]
Ártico (m)	Arktyka (ż)	['arktika]

76. Pontos cardeais

norte (m)	północ (ż)	['puwnɔts]
para norte	na północ	[na 'puwnɔts]
no norte	na północy	[na puw'nɔtsi]
do norte	północny	[puw'nɔtsni]
sul (m)	południe (n)	[pɔ'wudne]
para sul	na południe	[na pɔ'wudne]
no sul	na południu	[na pɔ'wudny]
do sul	południowy	[pɔwud'nɔvi]
oeste, ocidente (m)	zachód (m)	['zahut]
para oeste	na zachód	[na 'zahut]
no oeste	na zachodzie	[na za'hɔdʒe]
ocidental	zachodni	[za'hɔdni]
leste, oriente (m)	wschód (m)	[fshut]
para leste	na wschód	['na fshut]
no leste	na wschodzie	[na 'fshɔdʒe]
oriental	wschodni	['fshɔdni]

77. Mar. Oceano

mar (m)	morze (n)	['mɔʒɛ]
oceano (m)	ocean (m)	[ɔ'tsɛan]
golfo (m)	zatoka (ż)	[za'tɔka]
estreito (m)	cieśnina (ż)	[tɕeɕ'nina]
terra (f) firme	ląd (m)	[lɔ̃t]
continente (m)	kontynent (m)	[kɔn'tinɛnt]
ilha (f)	wyspa (ż)	['vispa]
península (f)	półwysep (m)	[puw'visɛp]
arquipélago (m)	archipelag (m)	[arhi'pɛʎak]
baía (f)	zatoka (ż)	[za'tɔka]
porto (m)	port (m)	[pɔrt]
lagoa (f)	laguna (ż)	[ʎa'guna]
cabo (m)	przylądek (m)	[pʃilɔ̃dɛk]
atol (m)	atol (m)	['atɔʎ]
recife (m)	rafa (ż)	['rafa]
coral (m)	koral (m)	['kɔral]
recife (m) de coral	rafa (ż) koralowa	['rafa kɔra'lɔva]
profundo	głęboki	[gwɛ̃'bɔki]
profundidade (f)	głębokość (ż)	[gwɛ̃'bɔkɔɕt͡ʃ]
abismo (m)	otchłań (ż)	['ɔthwaɲ]
fossa (f) oceânica	rów (m)	[ruf]
corrente (f)	prąd (m)	[prɔ̃t]
banhar (vt)	omywać	[ɔ'mivat͡ʃ]
litoral (m)	brzeg (m)	[bʒɛk]

costa (f)	wybrzeże (n)	[vib'ʒɛʒe]
maré (f) alta	przypływ (m)	['pʃipwif]
refluxo (m), maré (f) baixa	odpływ (m)	['ɔtpwif]
restinga (f)	mielizna (ż)	[me'lizna]
fundo (m)	dno (n)	[dnɔ]
onda (f)	fala (ż)	['faʎa]
crista (f) da onda	grzywa (ż) fali	['gʒiva 'fali]
espuma (f)	piana (ż)	['pʲana]
tempestade (f)	burza (ż)	['buʒa]
furacão (m)	huragan (m)	[hu'ragan]
tsunami (m)	tsunami (n)	[ʦu'nami]
calmaria (f)	cisza (ż) morska	['ʧiʃa 'mɔrska]
calmo	spokojny	[spɔ'kɔjnʲ]
polo (m)	biegun (m)	['begun]
polar	polarny	[pɔ'ʎarnʲ]
latitude (f)	szerokość (ż)	[ʃɛ'rɔkɔɕʧ]
longitude (f)	długość (ż)	['dwugɔɕʧ]
paralela (f)	równoleżnik (m)	[ruvnɔ'leʒnik]
equador (m)	równik (m)	['ruvnik]
céu (m)	niebo (n)	['nebɔ]
horizonte (m)	horyzont (m)	[hɔ'rizɔnt]
ar (m)	powietrze (n)	[pɔ'vetʃɛ]
farol (m)	latarnia (ż) morska	[ʎa'tarɲa 'mɔrska]
mergulhar (vi)	nurkować	[nur'kɔvaʧ]
afundar-se (vr)	zatonąć	[za'tɔɲʧ]
tesouros (m pl)	skarby (l.mn.)	['skarbʲ]

78. Nomes de Mares e Oceanos

Oceano (m) Atlântico	Ocean (m) Atlantycki	[ɔ'ʦɛan atlan'titski]
Oceano (m) Índico	Ocean (m) Indyjski	[ɔ'ʦɛan in'dijski]
Oceano (m) Pacífico	Ocean (m) Spokojny	[ɔ'ʦɛan spɔ'kɔjnʲ]
Oceano (m) Ártico	Ocean (m) Lodowaty Północny	[ɔ'ʦɛan lɔdɔ'vatʲ puw'nɔʦnʲ]
Mar (m) Negro	Morze (n) Czarne	['mɔʒɛ 'ʧarnɛ]
Mar (m) Vermelho	Morze (n) Czerwone	['mɔʒɛ ʧɛr'vɔnɛ]
Mar (m) Amarelo	Morze (n) Żółte	['mɔʒɛ 'ʒuwtɛ]
Mar (m) Branco	Morze (n) Białe	['mɔʒɛ 'bʲawɛ]
Mar (m) Cáspio	Morze (n) Kaspijskie	['mɔʒɛ kas'pijske]
Mar (m) Morto	Morze (n) Martwe	['mɔʒɛ 'martfɛ]
Mar (m) Mediterrâneo	Morze (n) Śródziemne	['mɔʒɛ ɕry'dʒemnɛ]
Mar (m) Egeu	Morze (n) Egejskie	['mɔʒɛ ɛ'gejske]
Mar (m) Adriático	Morze (n) Adriatyckie	['mɔʒɛ adrʲja'titske]
Mar (m) Arábico	Morze (n) Arabskie	['mɔʒɛ a'rabske]
Mar (m) do Japão	Morze (n) Japońskie	['mɔʒɛ ja'pɔɲske]

| Mar (m) de Bering | Morze (n) Beringa | ['mɔʒɛ bɛ'riŋa] |
| Mar (m) da China Meridional | Morze (n) Południowochińskie | ['mɔʒɛ pɔwud'nɜvɔ 'hiɲske] |

Mar (m) de Coral	Morze (n) Koralowe	['mɔʒɛ kɔra'lɜvɛ]
Mar (m) de Tasman	Morze (n) Tasmana	['mɔʒɛ tas'mana]
Mar (m) do Caribe	Morze (n) Karaibskie	['mɔʒɛ kara'ipske]

| Mar (m) de Barents | Morze (n) Barentsa | ['mɔʒɛ ba'rɛntsa] |
| Mar (m) de Kara | Morze (n) Karskie | ['mɔʒɛ 'karske] |

Mar (m) do Norte	Morze (n) Północne	['mɔʒɛ puw'nɔtsnɛ]
Mar (m) Báltico	Morze (n) Bałtyckie	['mɔʒɛ baw'titske]
Mar (m) da Noruega	Morze (n) Norweskie	['mɔʒɛ nɔr'vɛske]

79. Montanhas

montanha (f)	góra (ż)	['gura]
cordilheira (f)	łańcuch (m) górski	['waɲtsuh 'gurski]
serra (f)	grzbiet (m) górski	[gʒbet 'gurski]

cume (m)	szczyt (m)	[ʃtʃit]
pico (m)	szczyt (m)	[ʃtʃit]
sopé (m)	podnóże (n)	[pɔd'nuʒɛ]
declive (m)	zbocze (n)	['zbɔtʃɛ]

vulcão (m)	wulkan (m)	['vuʎkan]
vulcão (m) ativo	czynny (m) wulkan	['tʃiɲɨ 'vuʎkan]
vulcão (m) extinto	wygasły (m) wulkan	[vɨ'gaswɨ 'vuʎkan]

erupção (f)	wybuch (m)	['vibuh]
cratera (f)	krater (m)	['kratɛr]
magma (m)	magma (ż)	['magma]
lava (f)	lawa (ż)	['ʎava]
fundido (lava ~a)	rozżarzony	[rɔzʒa'ʒɔnɨ]

desfiladeiro (m)	kanion (m)	['kaɲjɔn]
garganta (f)	wąwóz (m)	['võvus]
fenda (f)	rozpadlina (m)	[rɔspad'lina]

passo, colo (m)	przełęcz (ż)	['pʃɛwɛ̃tʃ]
planalto (m)	płaskowyż (m)	[pwas'kɔviʃ]
falésia (f)	skała (ż)	['skawa]
colina (f)	wzgórze (ż)	['vzguʒɛ]

glaciar (m)	lodowiec (m)	[lɜ'dɔvets]
queda (f) d'água	wodospad (m)	[vɔ'dɔspat]
géiser (m)	gejzer (m)	['gɛjzɛr]
lago (m)	jezioro (m)	[e'ʒɜrɔ]

planície (f)	równina (ż)	[ruv'nina]
paisagem (f)	pejzaż (m)	['pɛjzaʃ]
eco (m)	echo (n)	['ɛhɔ]
alpinista (m)	alpinista (m)	[aʎpi'nista]

escalador (m)	wspinacz (m)	['fspinatʃ]
conquistar (vt)	pokonywać	[pɔkɔ'nivatʃ]
subida, escalada (f)	wspinaczka (ż)	[fspi'natʃka]

80. Nomes de montanhas

Alpes (m pl)	Alpy (l.mn.)	['aʎpi]
monte Branco (m)	Mont Blanc (m)	[mɔn blan]
Pirineus (m pl)	Pireneje (l.mn.)	[pirɛ'nɛe]

Cárpatos (m pl)	Karpaty (l.mn.)	[kar'pati]
montes (m pl) Urais	Góry Uralskie (l.mn.)	['guri u'raʎske]
Cáucaso (m)	Kaukaz (m)	['kaukas]
Elbrus (m)	Elbrus (m)	['ɛʎbrus]

Altai (m)	Ałtaj (m)	['awtaj]
Pamir (m)	Pamir (m)	['pamir]
Himalaias (m pl)	Himalaje (l.mn.)	[hima'lae]
monte (m) Everest	Mont Everest (m)	[mɔnt ɛ'vɛrɛst]

| Cordilheira (f) dos Andes | Andy (l.mn.) | ['andi] |
| Kilimanjaro (m) | Kilimandżaro (ż) | [kiliman'dʒarɔ] |

81. Rios

rio (m)	rzeka (m)	['ʒɛka]
fonte, nascente (f)	źródło (n)	['zʲrudwɔ]
leito (m) do rio	koryto (n)	[kɔ'ritɔ]
bacia (f)	dorzecze (n)	[dɔ'ʒɛtʃɛ]
desaguar no ...	wpadać	['fpadatʃ]

| afluente (m) | dopływ (m) | ['dɔpwif] |
| margem (do rio) | brzeg (m) | [bʒɛk] |

corrente (f)	prąd (m)	[prɔ̃t]
rio abaixo	z prądem	[s 'prɔ̃dɛm]
rio acima	pod prąd	[pɔt prɔ̃t]

inundação (f)	powódź (ż)	['povutʃ]
cheia (f)	wylew (m) rzeki	['viłef 'ʒɛki]
transbordar (vi)	rozlewać się	[rɔz'levatʃ ɕɛ̃]
inundar (vt)	zatapiać	[za'tapʲatʃ]

| banco (m) de areia | mielizna (ż) | [me'lizna] |
| rápidos (m pl) | próg (m) | [pruk] |

barragem (f)	tama (ż)	['tama]
canal (m)	kanał (m)	['kanaw]
reservatório (m) de água	zbiornik (m) wodny	['zbɔrnik 'vɔdni]
eclusa (f)	śluza (ż)	['ɕlyza]
corpo (m) de água	zbiornik (m) wodny	['zbɔrnik 'vɔdni]
pântano (m)	bagno (n)	['bagnɔ]

| tremedal (m) | grzęzawisko (n) | [gʒɛ̃za'viskɔ] |
| remoinho (m) | wir (m) wodny | [vir 'vɔdnɨ] |

arroio, regato (m)	potok (m)	['pɔtɔk]
potável	pitny	['pitnɨ]
doce (água)	słodki	['swɔtki]

| gelo (m) | lód (m) | [lyt] |
| congelar-se (vr) | zamarznąć | [za'marznɔ̃tʃ] |

82. Nomes de rios

| rio Sena (m) | Sekwana (ż) | [sɛk'fana] |
| rio Loire (m) | Loara (ż) | [lɜ'ara] |

rio Tamisa (m)	Tamiza (ż)	[ta'miza]
rio Reno (m)	Ren (m)	[rɛn]
rio Danúbio (m)	Dunaj (m)	['dunaj]

rio Volga (m)	Wołga (ż)	['vɔwga]
rio Don (m)	Don (m)	[dɔn]
rio Lena (m)	Lena (ż)	['lena]

rio Amarelo (m)	Huang He (ż)	[hu'aŋ hɛ]
rio Yangtzé (m)	Jangcy (ż)	['jaŋtsɨ]
rio Mekong (m)	Mekong (m)	['mɛkɔŋ]
rio Ganges (m)	Ganges (m)	['gaŋɛs]

rio Nilo (m)	Nil (m)	[niʎ]
rio Congo (m)	Kongo (ż)	['kɔŋɔ]
rio Cubango (m)	Okawango (ż)	[ɔka'vaŋɔ]
rio Zambeze (m)	Zambezi (ż)	[zam'bɛzi]
rio Limpopo (m)	Limpopo (ż)	[lim'pɔpɔ]
rio Mississípi (m)	Mississipi (ż)	[missis'sipi]

83. Floresta

| floresta (f), bosque (m) | las (m) | [ʎas] |
| florestal | leśny | ['leɕnɨ] |

mata (f) cerrada	gąszcz (ż)	[gɔ̃ʃtʃ]
arvoredo (m)	gaj (m), lasek (m)	[gaj], ['ʎasɛk]
clareira (f)	polana (ż)	[pɔ'ʎana]

| matagal (m) | zarośla (l.mn.) | [za'rɔɕʎa] |
| mato (m) | krzaki (l.mn.) | ['kʃaki] |

| vereda (f) | ścieżka (ż) | ['ɕtʃeʃka] |
| ravina (f) | wąwóz (m) | ['vɔ̃vus] |

| árvore (f) | drzewo (n) | ['dʒɛvɔ] |
| folha (f) | liść (m) | [liɕtʃ] |

folhagem (f)	listowie (n)	[lis'tɔve]
queda (f) das folhas	opadanie (n) liści	[ɔpa'dane 'liɕtʃi]
cair (vi)	opadać	[ɔ'padatʃ]
topo (m)	wierzchołek (m)	[veʃ'hɔwɛk]

ramo (m)	gałąź (ż)	['gawɔ̃ɕ]
galho (m)	sęk (m)	[sɛ̃k]
botão, rebento (m)	pączek (m)	['pɔ̃tʃɛk]
agulha (f)	igła (ż)	['igwa]
pinha (f)	szyszka (ż)	['ʃiʃka]

buraco (m) de árvore	dziupla (ż)	['dʒypʎa]
ninho (m)	gniazdo (n)	['gɲazdɔ]
toca (f)	nora (ż)	['nɔra]

tronco (m)	pień (m)	[peɲ]
raiz (f)	korzeń (m)	['kɔʒɛɲ]
casca (f) de árvore	kora (ż)	['kɔra]
musgo (m)	mech (m)	[mɛh]

arrancar pela raiz	karczować	[kart'ʃɔvatʃ]
cortar (vt)	ścinać	['ɕtʃinatʃ]
desflorestar (vt)	wycinać	[vi'tʃinatʃ]
toco, cepo (m)	pieniek (m)	['penek]

fogueira (f)	ognisko (n)	[ɔg'niskɔ]
incêndio (m) florestal	pożar (m)	['pɔʒar]
apagar (vt)	gasić	['gaɕitʃ]

guarda-florestal (m)	leśnik (m)	['leɕnik]
proteção (f)	ochrona (ż)	[ɔh'rɔna]
proteger (a natureza)	chronić	['hrɔnitʃ]
caçador (m) furtivo	kłusownik (m)	[kwu'sɔvnik]
armadilha (f)	potrzask (m)	['pɔtʃask]

| colher (cogumelos, bagas) | zbierać | ['zberatʃ] |
| perder-se (vr) | zabłądzić | [zab'wɔ̃dʒitʃ] |

84. Recursos naturais

recursos (m pl) naturais	zasoby (l.mn.) naturalne	[za'sɔbɨ natu'raʎnɛ]
minerais (m pl)	kopaliny (l.mn.) użyteczne	[kɔpa'linɨ uʒi'tɛtʃnɛ]
depósitos (m pl)	złoża (l.mn.)	['zwɔʒa]
jazida (f)	złoże (n)	['zwɔʒɛ]

extrair (vt)	wydobywać	[vɨdɔ'bɨvatʃ]
extração (f)	wydobywanie (n)	[vɨdɔbɨ'vane]
minério (m)	ruda (ż)	['ruda]
mina (f)	kopalnia (ż) rudy	[kɔ'paʎɲa 'rudɨ]
poço (m) de mina	szyb (m)	[ʃib]
mineiro (m)	górnik (m)	['gurnik]

| gás (m) | gaz (m) | [gas] |
| gasoduto (m) | gazociąg (m) | [ga'zɔtʃɔ̃k] |

petróleo (m)	ropa (ż) naftowa	['rɔpa naf'tɔva]
oleoduto (m)	rurociąg (m)	[ru'rɔʧõk]
poço (m) de petróleo	szyb (m) naftowy	[ʃip naf'tɔvi]
torre (f) petrolífera	wieża (ż) wiertnicza	['veʒa vert'niʧa]
petroleiro (m)	tankowiec (m)	[ta'ŋkɔveʦ]

areia (f)	piasek (m)	['piasɛk]
calcário (m)	wapień (m)	['vapeɲ]
cascalho (m)	żwir (m)	[ʒvir]
turfa (f)	torf (m)	[tɔrf]
argila (f)	glina (ż)	['glina]
carvão (m)	węgiel (m)	['vɛŋeʎ]

ferro (m)	żelazo (n)	[ʒɛ'ʎazɔ]
ouro (m)	złoto (n)	['zwɔtɔ]
prata (f)	srebro (n)	['srɛbrɔ]
níquel (m)	nikiel (n)	['nikeʎ]
cobre (m)	miedź (ż)	[meʧ]

zinco (m)	cynk (m)	[ʦiŋk]
manganês (m)	mangan (m)	['maɲan]
mercúrio (m)	rtęć (ż)	[rtɛ̃ʧ]
chumbo (m)	ołów (m)	['ɔwuf]

mineral (m)	minerał (m)	[mi'nɛraw]
cristal (m)	kryształ (m)	['kriʃtaw]
mármore (m)	marmur (m)	['marmur]
urânio (m)	uran (m)	['uran]

85. Tempo

tempo (m)	pogoda (ż)	[pɔ'gɔda]
previsão (f) do tempo	prognoza (ż) pogody	[prɔg'nɔza pɔ'gɔdi]
temperatura (f)	temperatura (ż)	[tɛmpɛra'tura]
termómetro (m)	termometr (m)	[tɛr'mɔmɛtr]
barómetro (m)	barometr (m)	[ba'rɔmɛtr]

humidade (f)	wilgoć (ż)	['viʎgɔʧ]
calor (m)	żar (m)	[ʒar]
cálido	upalny, gorący	[u'paʎni], [gɔ'rõʦi]
está muito calor	gorąco	[gɔ'rõʦɔ]

| está calor | ciepło | ['ʧepwɔ] |
| quente | ciepły | ['ʧepwi] |

| está frio | zimno | ['ʒimnɔ] |
| frio | zimny | ['ʒimni] |

sol (m)	słońce (n)	['swɔɲʦɛ]
brilhar (vi)	świecić	['ɕfeʧiʧ]
de sol, ensolarado	słoneczny	[swɔ'nɛʧni]
nascer (vi)	wzejść	[vzejʨʧ]
pôr-se (vr)	zajść	[zajʨʧ]
nuvem (f)	obłok (m)	['ɔbwɔk]

nublado	zachmurzony	[zahmu'ʒɔni]
nuvem (f) preta	chmura (ż)	['hmura]
escuro, cinzento	pochmurny	[pɔh'murni]

chuva (f)	deszcz (m)	[dɛʃʧ]
está a chover	pada deszcz	['pada dɛʃʧ]
chuvoso	deszczowy	[dɛʃt'ʃɔvi]
chuviscar (vi)	mżyć	[mʒiʧ]

chuva (f) torrencial	ulewny deszcz (m)	[u'levni dɛʃʧ]
chuvada (f)	ulewa (ż)	[u'leva]
forte (chuva)	silny	['ɕiʎni]
poça (f)	kałuża (ż)	[ka'wuʒa]
molhar-se (vr)	moknąć	['mɔknɔ̃ʧ]

nevoeiro (m)	mgła (ż)	[mgwa]
de nevoeiro	mglisty	['mglisti]
neve (f)	śnieg (m)	[ɕnek]
está a nevar	pada śnieg	['pada ɕnek]

86. Tempo extremo. Catástrofes naturais

trovoada (f)	burza (ż)	['buʒa]
relâmpago (m)	błyskawica (ż)	[bwiska'viʦa]
relampejar (vi)	błyskać	['bwiskaʧ]

trovão (m)	grzmot (m)	[gʒmɔt]
trovejar (vi)	grzmieć	[gʒmeʧ]
está a trovejar	grzmi	[gʒmi]

| granizo (m) | grad (m) | [grat] |
| está a cair granizo | pada grad | ['pada grat] |

| inundar (vt) | zatopić | [za'tɔpiʧ] |
| inundação (f) | powódź (ż) | ['pɔvuʧ] |

terremoto (m)	trzęsienie (n) ziemi	[ʧɛ̃'ɕene 'ʒemi]
abalo, tremor (m)	wstrząs (m)	[fstʃɔ̃s]
epicentro (m)	epicentrum (n)	[ɛpi'ʦɛntrum]

| erupção (f) | wybuch (m) | ['vibuh] |
| lava (f) | lawa (ż) | ['ʎava] |

turbilhão (m)	trąba (ż) powietrzna	['trɔ̃ba pɔ'veʧna]
tornado (m)	tornado (n)	[tɔr'nadɔ]
tufão (m)	tajfun (m)	['tajfun]

furacão (m)	huragan (m)	[hu'ragan]
tempestade (f)	burza (ż)	['buʒa]
tsunami (m)	tsunami (n)	[ʦu'nami]

ciclone (m)	cyklon (m)	['ʦiklɔn]
mau tempo (m)	niepogoda (ż)	[nepɔ'gɔda]
incêndio (m)	pożar (m)	['pɔʒar]

| catástrofe (f) | **katastrofa** (ż) | [katast'rɔfa] |
| meteorito (m) | **meteoryt** (m) | [mɛtɛ'ɔrit] |

avalanche (f)	**lawina** (ż)	[ʎa'vina]
deslizamento (m) de neve	**lawina** (ż)	[ʎa'vina]
nevasca (f)	**zamieć** (ż)	['zametʃ]
tempestade (f) de neve	**śnieżyca** (ż)	[ɕne'ʒitsa]

FAUNA

87. Mamíferos. Predadores

predador (m)	drapieżnik (m)	[dra'peʒnik]
tigre (m)	tygrys (m)	['tɨgris]
leão (m)	lew (m)	[lef]
lobo (m)	wilk (m)	[viʎk]
raposa (f)	lis (m)	[lis]
jaguar (m)	jaguar (m)	[ja'guar]
leopardo (m)	lampart (m)	['ʎampart]
chita (f)	gepard (m)	['gɛpart]
pantera (f)	pantera (ż)	[pan'tɛra]
puma (m)	puma (ż)	['puma]
leopardo-das-neves (m)	irbis (m)	['irbis]
lince (m)	ryś (m)	[riɕ]
coiote (m)	kojot (m)	['kɔɜt]
chacal (m)	szakal (m)	['ʃakaʎ]
hiena (f)	hiena (ż)	['hʰena]

88. Animais selvagens

animal (m)	zwierzę (n)	['zveʒɛ̃]
besta (f)	dzikie zwierzę (n)	['dʒike 'zveʒɛ̃]
esquilo (m)	wiewiórka (ż)	[ve'vyrka]
ouriço (m)	jeż (m)	[eʃ]
lebre (f)	zając (m)	['zaɔ̃ts]
coelho (m)	królik (m)	['krulik]
texugo (m)	borsuk (m)	['bɔrsuk]
guaxinim (m)	szop (m)	[ʃɔp]
hamster (m)	chomik (m)	['hɔmik]
marmota (f)	świstak (m)	['ɕfistak]
toupeira (f)	kret (m)	[krɛt]
rato (m)	mysz (ż)	[miʃ]
ratazana (f)	szczur (m)	[ʃʧur]
morcego (m)	nietoperz (m)	[ne'tɔpɛʃ]
arminho (m)	gronostaj (m)	[grɔ'nɔstaj]
zibelina (f)	soból (m)	['sɔbuʎ]
marta (f)	kuna (ż)	['kuna]
doninha (f)	łasica (ż)	[wa'ɕitsa]
vison (m)	norka (ż)	['nɔrka]

| castor (m) | bóbr (m) | [bubr] |
| lontra (f) | wydra (ż) | ['vɨdra] |

cavalo (m)	koń (m)	[kɔɲ]
alce (m)	łoś (m)	[wɔɕ]
veado (m)	jeleń (m)	['elɛɲ]
camelo (m)	wielbłąd (m)	['vɛʎbwɔ̃t]

bisão (m)	bizon (m)	['bizɔn]
auroque (m)	żubr (m)	[ʒubr]
búfalo (m)	bawół (m)	['bavuw]

zebra (f)	zebra (ż)	['zɛbra]
antílope (m)	antylopa (ż)	[antɨ'lɔpa]
corça (f)	sarna (ż)	['sarna]
gamo (m)	łania (ż)	['waɲa]
camurça (f)	kozica (ż)	[kɔ'ʒitsa]
javali (m)	dzik (m)	[dʑik]

baleia (f)	wieloryb (m)	[ve'lɜrɨp]
foca (f)	foka (ż)	['fɔka]
morsa (f)	mors (m)	[mɔrs]
urso-marinho (m)	kot (m) morski	[kɔt 'mɔrski]
golfinho (m)	delfin (m)	['dɛʎfin]

urso (m)	niedźwiedź (m)	['nedʑivetʃ]
urso (m) branco	niedźwiedź (m) polarny	['nedʑivetʃ pɔ'ʎarnɨ]
panda (m)	panda (ż)	['panda]

macaco (em geral)	małpa (ż)	['mawpa]
chimpanzé (m)	szympans (m)	['ʃimpans]
orangotango (m)	orangutan (m)	[ɔra'ŋutan]
gorila (m)	goryl (m)	['gɔriʎ]
macaco (m)	makak (m)	['makak]
gibão (m)	gibon (m)	['gibɔn]

elefante (m)	słoń (m)	['swɔɲ]
rinoceronte (m)	nosorożec (m)	[nɔsɔ'rɔʒɛts]
girafa (f)	żyrafa (ż)	[ʒɨ'rafa]
hipopótamo (m)	hipopotam (m)	[hipɔ'pɔtam]

| canguru (m) | kangur (m) | ['kaŋur] |
| coala (m) | koala (ż) | [kɔ'aʎa] |

mangusto (m)	mangusta (ż)	[ma'ŋusta]
chinchila (m)	szynszyla (ż)	[ʃin'ʃiʎa]
doninha-fedorenta (f)	skunks (m)	[skuŋks]
porco-espinho (m)	jeżozwierz (m)	[e'ʒɔzvɛʃ]

89. Animais domésticos

gata (f)	kotka (ż)	['kɔtka]
gato (m) macho	kot (m)	[kɔt]
cão (m)	pies (m)	[pes]

cavalo (m)	koń (m)	[kɔɲ]
garanhão (m)	źrebak (m), ogier (m)	['zʲrɛbak], ['ɔgjer]
égua (f)	klacz (ż)	[kʎatʃ]

vaca (f)	krowa (ż)	['krɔva]
touro (m)	byk (m)	[bɨk]
boi (m)	wół (m)	[vuw]

ovelha (f)	owca (ż)	['ɔftsa]
carneiro (m)	baran (m)	['baran]
cabra (f)	koza (ż)	['kɔza]
bode (m)	kozioł (m)	['kɔʑɔw]

| burro (m) | osioł (m) | ['ɔɕɔw] |
| mula (f) | muł (m) | [muw] |

porco (m)	świnia (ż)	['ɕfiɲa]
leitão (m)	prosiak (m)	['prɔɕak]
coelho (m)	królik (m)	['krulik]

| galinha (f) | kura (ż) | ['kura] |
| galo (m) | kogut (m) | ['kɔgut] |

pata (f)	kaczka (ż)	['katʃka]
pato (macho)	kaczor (m)	['katʃɔr]
ganso (m)	gęś (ż)	[gɛ̃ɕ]

| peru (m) | indyk (m) | ['indɨk] |
| perua (f) | indyczka (ż) | [in'ditʃka] |

animais (m pl) domésticos	zwierzęta (l.mn.) domowe	[zve'ʒɛnta dɔ'mɔvɛ]
domesticado	oswojony	[ɔsfɔɲi]
domesticar (vt)	oswajać	[ɔs'fajatʃ]
criar (vt)	hodować	[hɔ'dɔvatʃ]

quinta (f)	ferma (ż)	['fɛrma]
aves (f pl) domésticas	drób (m)	[drup]
gado (m)	bydło (n)	['bɨdwɔ]
rebanho (m), manada (f)	stado (n)	['stadɔ]

estábulo (m)	stajnia (ż)	['stajɲa]
pocilga (f)	chlew (m)	[hlef]
estábulo (m)	obora (ż)	[ɔ'bɔra]
coelheira (f)	klatka (ż) dla królików	['klatka dʎa krɔ'likɔf]
galinheiro (m)	kurnik (m)	['kurnik]

90. Pássaros

pássaro (m), ave (f)	ptak (m)	[ptak]
pombo (m)	gołąb (m)	['gɔwɔ̃p]
pardal (m)	wróbel (m)	['vrubɛʎ]
chapim-real (m)	sikorka (ż)	[ɕi'kɔrka]
pega-rabuda (f)	sroka (ż)	['srɔka]
corvo (m)	kruk (m)	[kruk]

gralha (f) cinzenta	wrona (ż)	['vrɔna]
gralha-de-nuca-cinzenta (f)	kawka (ż)	['kafka]
gralha-calva (f)	gawron (m)	['gavrɔn]

pato (m)	kaczka (ż)	['katʃka]
ganso (m)	gęś (ż)	[gɛɕ]
faisão (m)	bażant (m)	['baʒant]

águia (f)	orzeł (m)	['ɔʒɛw]
açor (m)	jastrząb (m)	['jastʃɔ̃p]
falcão (m)	sokół (m)	['sɔkuw]
abutre (m)	sęp (m)	[sɛ̃p]
condor (m)	kondor (m)	['kɔndɔr]

cisne (m)	łabędź (m)	['wabɛ̃tʃ]
grou (m)	żuraw (m)	['ʒuraf]
cegonha (f)	bocian (m)	['bɔtʃ'an]

papagaio (m)	papuga (ż)	[pa'puga]
beija-flor (m)	koliber (m)	[kɔ'libɛr]
pavão (m)	paw (m)	[paf]

avestruz (m)	struś (m)	[struɕ]
garça (f)	czapla (ż)	['tʃapʎa]
flamingo (m)	flaming (m)	['fʎamiŋ]
pelicano (m)	pelikan (m)	[pɛ'likan]

| rouxinol (m) | słowik (m) | ['swɔvik] |
| andorinha (f) | jaskółka (ż) | [jas'kuwka] |

tordo-zornal (m)	drozd (m)	[drɔst]
tordo-músico (m)	drozd śpiewak (m)	[drɔst 'ɕpevak]
melro-preto (m)	kos (m)	[kɔs]

andorinhão (m)	jerzyk (m)	['eʒɨk]
cotovia (f)	skowronek (m)	[skɔv'rɔnɛk]
codorna (f)	przepiórka (ż)	[pʃɛ'pyrka]

pica-pau (m)	dzięcioł (m)	['dʒɛ̃tʃɔw]
cuco (m)	kukułka (ż)	[ku'kuwka]
coruja (f)	sowa (ż)	['sɔva]
corujão, bufo (m)	puchacz (m)	['puhatʃ]
tetraz-grande (m)	głuszec (m)	['gwuʃɛts]
tetraz-lira (m)	cietrzew (m)	['tʃetʃɛf]
perdiz-cinzenta (f)	kuropatwa (ż)	[kurɔ'patfa]

estorninho (m)	szpak (m)	[ʃpak]
canário (m)	kanarek (m)	[ka'narɛk]
galinha-do-mato (f)	jarząbek (m)	[ja'ʒɔ̃bɛk]

| tentilhão (m) | zięba (ż) | ['ʒɛ̃ba] |
| dom-fafe (m) | gil (m) | [giʎ] |

gaivota (f)	mewa (ż)	['mɛva]
albatroz (m)	albatros (m)	[aʎ'batrɔs]
pinguim (m)	pingwin (m)	['piŋvin]

91. Peixes. Animais marinhos

brema (f)	leszcz (m)	[leʃʧ]
carpa (f)	karp (m)	[karp]
perca (f)	okoń (m)	['ɔkɔɲ]
siluro (m)	sum (m)	[sum]
lúcio (m)	szczupak (m)	['ʃʧupak]
salmão (m)	łosoś (m)	['wɔsɔɕ]
esturjão (m)	jesiotr (m)	['eɕɜtr]
arenque (m)	śledź (m)	[ɕletʃ]
salmão (m)	łosoś (m)	['wɔsɔɕ]
cavala, sarda (f)	makrela (ż)	[mak'rɛla]
solha (f)	flądra (ż)	[flõdra]
lúcio perca (m)	sandacz (m)	['sandaʧ]
bacalhau (m)	dorsz (m)	[dɔrʃ]
atum (m)	tuńczyk (m)	['tuɲʧik]
truta (f)	pstrąg (m)	[pstrõk]
enguia (f)	węgorz (m)	['vɛŋɔʃ]
raia elétrica (f)	drętwa (ż)	['drɛntfa]
moreia (f)	murena (ż)	[mu'rɛna]
piranha (f)	pirania (ż)	[pi'raɲja]
tubarão (m)	rekin (m)	['rɛkin]
golfinho (m)	delfin (m)	['dɛʎfin]
baleia (f)	wieloryb (m)	[ve'lɜrip]
caranguejo (m)	krab (m)	[krap]
medusa, alforreca (f)	meduza (ż)	[mɛ'duza]
polvo (m)	ośmiornica (ż)	[ɔɕmɜr'nitsa]
estrela-do-mar (f)	rozgwiazda (ż)	[rɔzg'vʲazda]
ouriço-do-mar (m)	jeżowiec (m)	[e'ʒɔvets]
cavalo-marinho (m)	konik (m) morski	['kɔnik 'mɔrski]
ostra (f)	ostryga (ż)	[ɔst'riga]
camarão (m)	krewetka (ż)	[krɛ'vɛtka]
lavagante (m)	homar (m)	['hɔmar]
lagosta (f)	langusta (ż)	[ʎa'ŋusta]

92. Amfíbios. Répteis

serpente, cobra (f)	wąż (m)	[võʃ]
venenoso	jadowity	[jadɔ'viti]
víbora (f)	żmija (ż)	['ʒmija]
cobra-capelo, naja (f)	kobra (ż)	['kɔbra]
pitão (m)	pyton (m)	['pitɔn]
jiboia (f)	wąż dusiciel (m)	[võʒ du'ɕiʧeʎ]
cobra-de-água (f)	zaskroniec (m)	[zask'rɔnets]

cascavel (f)	grzechotnik (m)	[gʒɛ'hɔtnik]
anaconda (f)	anakonda (ż)	[ana'kɔnda]
lagarto (m)	jaszczurka (ż)	[jaʃt'ʃurka]
iguana (f)	legwan (m)	['legvan]
varano (m)	waran (m)	['varan]
salamandra (f)	salamandra (ż)	[saʎa'mandra]
camaleão (m)	kameleon (m)	[kamɛ'leɔn]
escorpião (m)	skorpion (m)	['skɔrpʰɜn]
tartaruga (f)	żółw (m)	[ʒuwf]
rã (f)	żaba (ż)	['ʒaba]
sapo (m)	ropucha (ż)	[rɔ'puha]
crocodilo (m)	krokodyl (m)	[krɔ'kɔdiʎ]

93. Insetos

inseto (m)	owad (m)	['ɔvat]
borboleta (f)	motyl (m)	['mɔtiʎ]
formiga (f)	mrówka (ż)	['mrufka]
mosca (f)	mucha (ż)	['muha]
mosquito (m)	komar (m)	['kɔmar]
escaravelho (m)	żuk (m), chrząszcz (m)	[ʒuk], [hʃɔ̃ʃʧ]
vespa (f)	osa (ż)	['ɔsa]
abelha (f)	pszczoła (ż)	['pʃʧɔwa]
mamangava (f)	trzmiel (m)	[ʧmeʎ]
moscardo (m)	giez (m)	[ges]
aranha (f)	pająk (m)	['paɔ̃k]
teia (f) de aranha	pajęczyna (ż)	[paɛ̃'ʧina]
libélula (f)	ważka (ż)	['vaʃka]
gafanhoto-do-campo (m)	konik (m) polny	['kɔnik 'pɔʎni]
traça (f)	omacnica (ż)	[ɔmats'nitsa]
barata (f)	karaluch (m)	[ka'ralyh]
carraça (f)	kleszcz (m)	[kleʃʧ]
pulga (f)	pchła (ż)	[phwa]
borrachudo (m)	meszka (ż)	['mɛʃka]
gafanhoto (m)	szarańcza (ż)	[ʃa'raɲʧa]
caracol (m)	ślimak (m)	['ɕlimak]
grilo (m)	świerszcz (m)	[ɕferʃʧ]
pirilampo (m)	robaczek (m) świętojański	[rɔ'batʃɛk ɕfɛ̃tɔ'jaɲski]
joaninha (f)	biedronka (ż)	[bed'rɔŋka]
besouro (m)	chrabąszcz (m) majowy	['hrabɔ̃ʃʧ maʒvi]
sanguessuga (f)	pijawka (ż)	[pi'jafka]
lagarta (f)	gąsienica (ż)	[gɔ̃ɕe'nitsa]
minhoca (f)	robak (m)	['rɔbak]
larva (f)	poczwarka (ż)	[pɔʧ'farka]

FLORA

94. Árvores

árvore (f)	drzewo (n)	['dʒɛvɔ]
decídua	liściaste	[liɕ'tʃastɛ]
conífera	iglaste	[ig'ʎastɛ]
perene	wiecznie zielony	[vetʃnɛʒe'lɔni]

macieira (f)	jabłoń (ż)	['jabwɔɲ]
pereira (f)	grusza (ż)	['gruʃa]
cerejeira (f)	czereśnia (ż)	[tʃɛ'rɛɕɲa]
ginjeira (f)	wiśnia (ż)	['viɕɲa]
ameixeira (f)	śliwa (ż)	['ɕliva]

bétula (f)	brzoza (ż)	['bʒɔza]
carvalho (m)	dąb (m)	[dɔ̃p]
tília (f)	lipa (ż)	['lipa]
choupo-tremedor (m)	osika (ż)	[ɔ'ɕika]
bordo (m)	klon (m)	['klɔn]
espruce-europeu (m)	świerk (m)	['ɕferk]
pinheiro (m)	sosna (ż)	['sɔsna]
alerce, lariço (m)	modrzew (m)	['mɔdʒɛf]
abeto (m)	jodła (ż)	[ɔdwa]
cedro (m)	cedr (m)	[tsɛdr]

choupo, álamo (m)	topola (ż)	[tɔ'pɔʎa]
tramazeira (f)	jarzębina (ż)	[jaʒɛ̃'bina]
salgueiro (m)	wierzba iwa (ż)	['veʒba 'iva]
amieiro (m)	olcha (ż)	['ɔʎha]
faia (f)	buk (m)	[buk]
ulmeiro (m)	wiąz (m)	[vɔ̃z]
freixo (m)	jesion (m)	['eɕɜn]
castanheiro (m)	kasztan (m)	['kaʃtan]

magnólia (f)	magnolia (ż)	[mag'nɔʎja]
palmeira (f)	palma (ż)	['paʎma]
cipreste (m)	cyprys (m)	['tsipris]

mangue (m)	drzewo (n) mangrowe	['dʒɛvɔ maŋ'rɔvɛ]
embondeiro, baobá (m)	baobab (m)	[ba'ɔbap]
eucalipto (m)	eukaliptus (m)	[ɛuka'liptus]
sequoia (f)	sekwoja (ż)	[sɛk'fɔja]

95. Arbustos

| arbusto (m) | krzew (m) | [kʃɛf] |
| arbusto (m), moita (f) | krzaki (l.mn.) | ['kʃaki] |

| videira (f) | winorośl (ż) | [vi'nɔrɔɕʎ] |
| vinhedo (m) | winnica (ż) | [vi'ɲitsa] |

framboeseira (f)	malina (ż)	[ma'lina]
groselheira-vermelha (f)	porzeczka (ż) czerwona	[pɔ'ʒɛʧka ʧɛr'vɔna]
groselheira (f) espinhosa	agrest (m)	['agrɛst]

acácia (f)	akacja (ż)	[a'katsʰja]
bérberis (f)	berberys (m)	[bɛr'bɛris]
jasmim (m)	jaśmin (m)	['jaɕmin]

junípero (m)	jałowiec (m)	[ja'wɔvets]
roseira (f)	róża (ż)	['ruʒa]
roseira (f) brava	dzika róża (ż)	['ʤika 'ruʒa]

96. Frutos. Bagas

fruta (f)	owoc (m)	['ɔvɔts]
frutas (f pl)	owoce (l.mn.)	[ɔ'vɔtsɛ]
maçã (f)	jabłko (n)	['jabkɔ]
pera (f)	gruszka (ż)	['gruʃka]
ameixa (f)	śliwka (ż)	['ɕlifka]

morango (m)	truskawka (ż)	[trus'kafka]
ginja (f)	wiśnia (ż)	['viɕɲa]
cereja (f)	czereśnia (ż)	[ʧɛ'rɛɕɲa]
uva (f)	winogrona (l.mn.)	[vinɔg'rɔna]

framboesa (f)	malina (ż)	[ma'lina]
groselha (f) preta	czarna porzeczka (ż)	['ʧarna pɔ'ʒɛʧka]
groselha (f) vermelha	czerwona porzeczka (ż)	[ʧɛr'vɔna pɔ'ʒɛʧka]

| groselha (f) espinhosa | agrest (m) | ['agrɛst] |
| oxicoco (m) | żurawina (ż) | [ʒura'vina] |

laranja (f)	pomarańcza (ż)	[pɔma'raɲʧa]
tangerina (f)	mandarynka (ż)	[manda'riŋka]
ananás (m)	ananas (ż)	[a'nanas]

| banana (f) | banan (m) | ['banan] |
| tâmara (f) | daktyl (m) | ['daktil] |

limão (m)	cytryna (ż)	[tsit'rina]
damasco (m)	morela (ż)	[mɔ'rɛʎa]
pêssego (m)	brzoskwinia (ż)	[bʒɔsk'fiɲa]

| kiwi (m) | kiwi (n) | ['kivi] |
| toranja (f) | grejpfrut (m) | ['grɛjpfrut] |

baga (f)	jagoda (ż)	[ja'gɔda]
bagas (f pl)	jagody (l.mn.)	[ja'gɔdi]
arando (m) vermelho	borówka (ż)	[bɔ'rufka]
morango-silvestre (m)	poziomka (ż)	[pɔ'ʒɔmka]
mirtilo (m)	borówka (ż) czarna	[bɔ'rɔfka 'ʧarna]

97. Flores. Plantas

| flor (f) | kwiat (m) | [kfiat] |
| ramo (m) de flores | bukiet (m) | ['buket] |

rosa (f)	róża (ż)	['ruʒa]
tulipa (f)	tulipan (m)	[tu'lipan]
cravo (m)	goździk (m)	['gɔʑʲdʒik]
gladíolo (m)	mieczyk (m)	['metʃik]

centáurea (f)	bławatek (m)	[bwa'vatɛk]
campânula (f)	dzwonek (m)	['dzvɔnɛk]
dente-de-leão (m)	dmuchawiec (m)	[dmu'havets]
camomila (f)	rumianek (m)	[ru'mʲanɛk]

aloé (m)	aloes (m)	[a'lɜɛs]
cato (m)	kaktus (m)	['kaktus]
fícus (m)	fikus (m)	['fikus]

lírio (m)	lilia (ż)	['liʎja]
gerânio (m)	pelargonia (ż)	[pɛʎar'gɔɲja]
jacinto (m)	hiacynt (m)	['hʰjatsint]

mimosa (f)	mimoza (ż)	[mi'mɔza]
narciso (m)	narcyz (m)	['nartsis]
capuchinha (f)	nasturcja (ż)	[nas'turtsʰja]

orquídea (f)	orchidea (ż)	[ɔrhi'dɛa]
peónia (f)	piwonia (ż)	[pi'vɔɲja]
violeta (f)	fiołek (m)	[fʰɜwɛk]

amor-perfeito (m)	bratek (m)	['bratɛk]
não-me-esqueças (m)	niezapominajka (ż)	[nezapɔmi'najka]
margarida (f)	stokrotka (ż)	[stɔk'rɔtka]

papoula (f)	mak (m)	[mak]
cânhamo (m)	konopie (l.mn.)	[kɔ'nɔpje]
hortelã (f)	mięta (ż)	['menta]

| lírio-do-vale (m) | konwalia (ż) | [kɔn'vaʎja] |
| campânula-branca (f) | przebiśnieg (m) | [pʃɛ'biɕnek] |

urtiga (f)	pokrzywa (ż)	[pɔk'ʃiva]
azeda (f)	szczaw (m)	[ʃtʃaf]
nenúfar (m)	lilia wodna (ż)	['liʎja 'vɔdna]
feto (m), samambaia (f)	paproć (ż)	['paprɔtʃ]
líquen (m)	porost (m)	['pɔrɔst]

estufa (f)	szklarnia (ż)	['ʃkʎarɲa]
relvado (m)	trawnik (m)	['travnik]
canteiro (m) de flores	klomb (m)	['klɜmp]

planta (f)	roślina (ż)	[rɔɕ'lina]
erva (f)	trawa (ż)	['trava]
folha (f) de erva	źdźbło (n)	[ʑʲdʒʲbwɔ]

folha (f)	liść (m)	[liɕʧ]
pétala (f)	płatek (m)	['pwatɛk]
talo (m)	łodyga (ż)	[wɔ'diga]
tubérculo (m)	bulwa (ż)	['buʎva]

| broto, rebento (m) | kiełek (m) | ['kewɛk] |
| espinho (m) | kolec (m) | ['kɔleʦ] |

florescer (vi)	kwitnąć	['kfitnɔ̃ʧ]
murchar (vi)	więdnąć	['vendnɔ̃ʧ]
cheiro (m)	zapach (m)	['zapah]
cortar (flores)	ściąć	[ʨɔ̃ʲʧ]
colher (uma flor)	zerwać	['zɛrvaʧ]

98. Cereais, grãos

grão (m)	zboże (n)	['zbɔʒɛ]
cereais (plantas)	zboża (l.mn.)	['zbɔʒa]
espiga (f)	kłos (m)	[kwɔs]

trigo (m)	pszenica (ż)	[pʃɛ'niʦa]
centeio (m)	żyto (n)	['ʒitɔ]
aveia (f)	owies (m)	['ɔves]
milho-miúdo (m)	proso (n)	['prɔsɔ]
cevada (f)	jęczmień (m)	['enʧmɛ̃]

milho (m)	kukurydza (ż)	[kuku'ridza]
arroz (m)	ryż (m)	[riʃ]
trigo-sarraceno (m)	gryka (ż)	['grika]

ervilha (f)	groch (m)	[grɔh]
feijão (m)	fasola (ż)	[fa'sɔʎa]
soja (f)	soja (ż)	['sɔja]
lentilha (f)	soczewica (ż)	[sɔʧɛ'viʦa]
fava (f)	bób (m)	[bup]

PAÍSES DO MUNDO

99. Países. Parte 1

Afeganistão (m)	Afganistan (n)	[avga'nistan]
África do Sul (f)	Afryka (ż) Południowa	['afrika pɔwud'nɔva]
Albânia (f)	Albania (ż)	[aʎ'baɲja]
Alemanha (f)	Niemcy (l.mn.)	['nemʦi]
Arábia (f) Saudita	Arabia (ż) Saudyjska	[a'rabʰja sau'dijska]
Argentina (f)	Argentyna (ż)	[argɛn'tina]
Arménia (f)	Armenia (ż)	[ar'mɛɲja]
Austrália (f)	Australia (ż)	[aust'raʎja]
Áustria (f)	Austria (ż)	['austrʰja]
Azerbaijão (m)	Azerbejdżan (m)	[azɛr'bɛjʤan]
Bahamas (f pl)	Wyspy (l.mn.) Bahama	['vispi ba'hama]
Bangladesh (m)	Bangladesz (m)	[baŋʎa'dɛʃ]
Bélgica (f)	Belgia (ż)	['bɛʎgʰja]
Bielorrússia (f)	Białoruś (ż)	[bʲa'wɔruɕ]
Bolívia (f)	Boliwia (ż)	[bɔ'livʰja]
Bósnia e Herzegovina (f)	Bośnia i Hercegowina (ż)	['bɔɕɲa i hɛrʦɛgɔ'vina]
Brasil (m)	Brazylia (ż)	[bra'ziʎja]
Bulgária (f)	Bułgaria (ż)	[buw'garʰja]
Camboja (f)	Kambodża (ż)	[kam'bɔʤa]
Canadá (m)	Kanada (ż)	[ka'nada]
Cazaquistão (m)	Kazachstan (m)	[ka'zahstan]
Chile (m)	Chile (n)	['ʧile]
China (f)	Chiny (l.mn.)	['hini]
Chipre (m)	Cypr (m)	[ʦipr]
Colômbia (f)	Kolumbia (ż)	[kɔ'lymbʰja]
Coreia do Norte (f)	Korea (ż) Północna	[kɔ'rɛa puw'nɔʦna]
Coreia do Sul (f)	Korea (ż) Południowa	[kɔ'rɛa pɔwud'nɔva]
Croácia (f)	Chorwacja (ż)	[hɔr'vaʦʰja]
Cuba (f)	Kuba (ż)	['kuba]
Dinamarca (f)	Dania (ż)	['daɲja]
Egito (m)	Egipt (m)	['ɛgipt]
Emirados Árabes Unidos	Zjednoczone Emiraty Arabskie	[zʰɛdnɔt'ʃɔnɛ ɛmi'rati a'rapske]
Equador (m)	Ekwador (m)	[ɛk'fadɔr]
Escócia (f)	Szkocja (ż)	['ʃkɔʦʰja]
Eslováquia (f)	Słowacja (ż)	[swɔ'vaʦʰja]
Eslovénia (f)	Słowenia (ż)	[swɔ'vɛɲja]
Espanha (f)	Hiszpania (ż)	[hiʃ'paɲja]
Estados Unidos da América	Stany (l.mn.) Zjednoczone Ameryki	['stani zʰɛdnɔt'ʃɔnɛ a'mɛriki]
Estónia (f)	Estonia (ż)	[ɛs'tɔɲja]

97

Finlândia (f)	**Finlandia** (ż)	[fin'ʎandʰja]
França (f)	**Francja** (ż)	['frantsʰja]

100. Países. Parte 2

Gana (f)	**Ghana** (ż)	['gana]
Geórgia (f)	**Gruzja** (ż)	['gruzʰja]
Grã-Bretanha (f)	**Wielka Brytania** (ż)	['veʎka bri'taɲja]
Grécia (f)	**Grecja** (ż)	['grɛtsʰja]
Haiti (m)	**Haiti** (n)	[ha'iti]
Hungria (f)	**Węgry** (l.mn.)	['vɛŋri]
Índia (f)	**Indie** (l.mn.)	['indʰe]

Indonésia (f)	**Indonezja** (ż)	[indo'nɛzʰja]
Inglaterra (f)	**Anglia** (ż)	['aŋʎja]
Irão (m)	**Iran** (m)	['iran]
Iraque (m)	**Irak** (m)	['irak]
Irlanda (f)	**Irlandia** (ż)	[ir'ʎandʰja]
Islândia (f)	**Islandia** (ż)	[is'ʎandʰja]
Israel (m)	**Izrael** (m)	[iz'raɛʎ]

Itália (f)	**Włochy** (l.mn.)	['vwɔhi]
Jamaica (f)	**Jamajka** (ż)	[ja'majka]
Japão (m)	**Japonia** (ż)	[ja'pɔɲja]
Jordânia (f)	**Jordania** (ż)	[ɜr'daɲja]
Kuwait (m)	**Kuwejt** (m)	['kuvɛjt]

Laos (m)	**Laos** (m)	['ʎaɔs]
Letónia (f)	**Łotwa** (ż)	['wɔtfa]

Líbano (m)	**Liban** (m)	['liban]
Líbia (f)	**Libia** (ż)	['libʰja]
Liechtenstein (m)	**Liechtenstein** (m)	['lihtɛnʃtajn]
Lituânia (f)	**Litwa** (ż)	['litfa]
Luxemburgo (m)	**Luksemburg** (m)	['lyksɛmburk]

Macedónia (f)	**Macedonia** (ż)	[matsɛ'dɔɲja]
Madagáscar (m)	**Madagaskar** (m)	[mada'gaskar]

Malásia (f)	**Malezja** (ż)	[ma'lezʰja]
Malta (f)	**Malta** (ż)	['maʎta]
Marrocos	**Maroko** (n)	[ma'rɔkɔ]
México (m)	**Meksyk** (m)	['mɛksɨk]
Myanmar (m), Birmânia (f)	**Mjanma** (ż)	['mjanma]

Moldávia (f)	**Mołdawia** (ż)	[mɔw'davʰja]
Mónaco (m)	**Monako** (n)	[mɔ'nakɔ]

Mongólia (f)	**Mongolia** (ż)	[mɔ'ŋɔʎja]
Montenegro (m)	**Czarnogóra** (ż)	[tʃarnɔ'gura]
Namíbia (f)	**Namibia** (ż)	[na'mibʰja]
Nepal (m)	**Nepal** (m)	['nɛpaʎ]
Noruega (f)	**Norwegia** (ż)	[nɔr'vɛgʰja]
Nova Zelândia (f)	**Nowa Zelandia** (ż)	['nɔva zɛ'ʎandʰja]

101. Países. Parte 3

Países (m pl) Baixos	Niderlandy (l.mn.)	[nidɛr'ʎandi]
Palestina (f)	Autonomia (ż) Palestyńska	[auto'nɔmʰja pales'tiɲska]
Panamá (m)	Panama (ż)	[pa'nama]
Paquistão (m)	Pakistan (m)	[pa'kistan]
Paraguai (m)	Paragwaj (m)	[pa'ragvaj]
Peru (m)	Peru (n)	['pɛru]
Polinésia Francesa (f)	Polinezja (ż) Francuska	[poli'nɛzʰja fran'ʦuska]

Polónia (f)	Polska (ż)	['pɔʎska]
Portugal (m)	Portugalia (ż)	[portu'gaʎja]
Quénia (f)	Kenia (ż)	['kɛɲja]
Quirguistão (m)	Kirgizja (ż), Kirgistan (m)	[kir'gizʰja], [kir'gistan]
República (f) Checa	Czechy (l.mn.)	['ʧɛhi]
República (f) Dominicana	Dominikana (ż)	[domini'kana]
Roménia (f)	Rumunia (ż)	[ru'muɲja]

Rússia (f)	Rosja (ż)	['rɔsʰja]
Senegal (m)	Senegal (m)	[sɛ'nɛgaʎ]
Sérvia (f)	Serbia (ż)	['sɛrbʰja]
Síria (f)	Syria (ż)	['sirʰja]
Suécia (f)	Szwecja (ż)	['ʃfɛʦʰja]
Suíça (f)	Szwajcaria (ż)	[ʃfaj'ʦarʰja]
Suriname (m)	Surinam (m)	[su'rinam]

Tailândia (f)	Tajlandia (ż)	[taj'ʎandʰja]
Taiwan (m)	Tajwan (m)	['tajvan]
Tajiquistão (m)	Tadżykistan (m)	[tadʒi'kistan]
Tanzânia (f)	Tanzania (ż)	[tan'zaɲja]
Tasmânia (f)	Tasmania (ż)	[tas'maɲja]
Tunísia (f)	Tunezja (ż)	[tu'nɛzʰja]
Turquemenistão (m)	Turkmenia (ż)	[turk'mɛɲja]

Turquia (f)	Turcja (ż)	['turʦʰja]
Ucrânia (f)	Ukraina (ż)	[ukra'ina]
Uruguai (m)	Urugwaj (m)	[u'rugvaj]
Uzbequistão (f)	Uzbekistan (m)	[uzbɛ'kistan]
Vaticano (m)	Watykan (m)	[va'tikan]
Venezuela (f)	Wenezuela (ż)	[vɛnɛzu'ɛʎa]
Vietname (m)	Wietnam (m)	['vʰetnam]
Zanzibar (m)	Zanzibar (m)	[zan'zibar]